不幸な戦争が終了した直後から、長く忠実な協議会の共催相手であったドイツ福音主義教会連盟からは、宗教改革記念のための十年間の準備の最後の年、正式な記念の年二〇一七年のちょうど一年前に、宗教改革五〇〇年と銘打って開催されたこの協議会に、「宗教改革記念特命大使」のマルゴット・ケースマン氏（元ドイツ福音主義教会連盟議長）も加わってくださって、たいへん実りをもたらしてくれた教会協議会となりました。彼女は、この五百年間にドイツの国家的行事のように行われてきた記念祭の歴史を踏まえて、今祝う意味について熱を込めて講演してくださいました。

ですから、ここに報告する教会協議会は、いわゆるプロテスタント教会（あるいは新教の教会）誕生の顰《ひそ》みについて、アクセントの異なる二つのメインストリームを日本の地で知ることができた貴重な機会であったのです。それゆえ、この報告書を読んでいただくことは、本年から数年続く宗教改革記念で私たちが向かい合うべき事柄への良い橋渡しとなるはずです。そういう意味で、出席した方々はもとより、出席しなかった方々に、この時期に実りを共有していただくことは、大きな喜びです。

協議会の開催された日々は熊本地震の直後であり、協議会のテーマに深く関わる方々は、被災の真っ最中、あるいは被災地支援の真っ最中であり、東京での協議会に参加することは不可能でした。この報告書をそうした方々にささげたいと思います。

最後に、はるばる飛行機で駆けつけてくださったドイツとスイスの兄弟姉妹、あらゆる面で協力してくださったNCC加盟教会と加盟団体、NCC役員会、財務委員会を含む諸委員会にあらためて感謝いたします。そして日常のそれぞれの職務の多忙な中から運営を担ってくださったドイツ教会関係委員会（現在はドイツ語圏教会関係委員会）の委員と、協議会のために関わってくださった特別実務委員の皆さん（お名前は声明文に掲載します）

に敬意をもって感謝いたします。それぞれのご奉仕がなければ、このような実りを得ることは不可能でした。

ただ主なる神にのみ、栄光が帰されますように。

ドイツ語圏教会関係委員会委員長　菊地純子

ＮＣＣ宗教改革五〇〇年記念──第七回日独教会協議会　内容と日程

＊主会場　在日韓国ＹＭＣＡ（韓国ＹＭＣＡ）

〈四月二十二日〉一八～二〇時

開会礼拝　説教　ウルリッヒ・リリエ（ドイツ福音主義教会連盟ディアコニア部門議長）〔本書収録〕

交わりの時

〈四月二十三日〉一〇～一六時

講演会Ⅰ　ルター派教会の伝統から〔本書収録〕

「信仰と霊性のディアコニアとの関わり──こんにち、宗教改革から示唆を受ける──」

講師　マルゴット・ケースマン（ドイツ福音主義教会連盟宗教改革記念事業特命大使、元同連盟議長）

「教会のなくてはならない徴《しるし》としてのディアコニア──なぜディアコニアは存在するのか？──」

講師　ウルリッヒ・リリエ

「現場から──コミュニティ形成に向けた組織作り」

講師　ヒッレ・リヒャーズ（ドイツ福音主義教会連盟ディアコニア現場担当者）

講演会Ⅱ　改革派教会の伝統から〔本書収録〕

「スイス・アールガウ改革派州教会のディアコニア活動」

講師　クリストフ・ヴェーバー＝ベルク（スイス連邦・アールガウ改革派州教会役員会議長）
「スイスの改革派教会でのディアコニア」
講師　シモン・ホーフシュテッター（スイス・プロテスタント教会連盟ディアコニア部門、
ベルン州立大学実践神学助手）

パネルディスカッション（講演者を囲んで）

〈**四月二十三日**〉一六時半〜一八時
エキュメニカル・チャリティーコンサート——詩篇で讃美
「グレゴリア聖歌」　演奏者　カペラ・グレリアーナ（カトリック教会音楽研究所・グレゴリオの家聖歌隊）
指揮　橋本周子・ヴェロニカ
「ジュネーヴ詩篇歌」　演奏者　カントゥス・カヌム（ドイツ改革派教会聖歌隊）
指揮　エッツァルト・ヘアリン（ドイツ改革派教会牧師、カントゥス・カヌム指揮者）
「コンテンポラリー・クリスチャン・ミュージック」
演奏者　ＪＣコーナーストーン（日本キリスト改革派教会メンバーによる音楽グループ）

〈**四月二十四日**〉
交わり——ＮＣＣ加盟教派をはじめ非加盟の教派の協力をも得て、以下の六か所で交わりの時がもたれた。
①主催　日本福音ルーテル東京教会、日本福音ルーテル東教区

協力　日本キリスト教協議会ドイツ教会関係委員会、ドイツビール・ツークシュピッツェ
宗教改革五〇〇年プレイベント　一一時　礼拝
一二時　ドイツフード&ドリンクOPEN
一三～一六時　トークセッションなど
礼拝説教（ドイツ語）　マルゴット・ケースマン〈本書収録〉

②主催　日本聖公会阿佐ヶ谷聖ペテロ教会
聖餐式を含む礼拝　一〇時半
昼食交流会　礼拝後
礼拝説教（英語）　クラウディア・オスタレク〈本書収録〉

③主催　日本キリスト教会柏木教会
礼拝　一〇時半
講演会
協力　日本キリスト教会東京中会東京北西地区教会交流会
礼拝説教（英語）　クリストフ・ヴェーバー＝ベルク〈本書収録〉

④主催　在日大韓基督教会京都南部教会
礼拝　一一時

昼食会

NCC宗教改革五〇〇年記念・第七回日独教会協議会連動企画講演会　一四時

協力　ジョイフルサウンドバンド

事後報告　ヒッレ・リヒャーズ〔本書収録〕

⑤主催　日本バプテスト連盟　憲法改悪を許さない私達の共同アクション

協力　日本バプテスト浦和キリスト教会

講演集会　国家・社会とキリスト教会

講師への応答　朴 思郁〔本書収録〕

講演自体は協議会での講演と同じ内容なので、「講演Ⅱ」のリリエ氏のものを参照されたい。

⑥主催　日本基督教団西千葉教会

礼拝　一〇時一五分

礼拝説教（ドイツ語）　シモン・ホーフシュテッター〔本書収録〕

〈四月二十五日〉

交わり――東京ドイツ語教会の主催で講演会と交わりの時がもたれた。

協力　在日ドイツ大使館

講演（ドイツ語） マルゴット・ケースマン〔本書収録〕

〈四月二十六～二十七日〉 福島訪問

〈四月二十八日〉 房総半島「望みの門」「かにた婦人の村」訪問

〈四月二十九日〉 一〇時半～一一時

閉会礼拝 説教 クラウディア・オスタレク（ドイツ福音主義連盟東アジア・オーストラリア・太平洋・北アメリカ担当幹事）〔本書収録〕

※ＡＮＮＥＸプログラム

〈四月二十三日〉 ミサ（ドイツ改革派教会聖歌隊参加） 聖グレゴリオの家

〈四月二十七～二十八日〉 ワークショップ Ｅ・ヘアリン牧師（ドイツ改革派牧師） 聖グレゴリオの家

〈四月二十九日〉 一五時半より チャリティコンサート（館山市のコーラス二団体＋ドイツ改革派教会聖歌隊） 館山市 かにた婦人の村

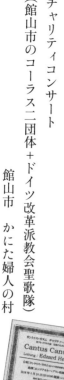

目次

はじめに　3
NCC宗教改革五〇〇年記念―第七回日独教会協議会　内容と日程　6

I　開会礼拝・閉会礼拝……15
開会礼拝式次第　17
開会礼拝　説教　23
閉会聖餐礼拝式次第　31
閉会礼拝　説教　35

II　協議会講演……43
信仰と霊性のディアコニアとの関わり――こんにち、宗教改革から示唆を受ける　44
教会のなくてはならない徴《しるし》としてのディアコニア――なぜディアコニアは存在するのか？　64

現場から——コミュニティ形成に向けた組織作り　80
スイス・アールガウ改革派州教会のディアコニア活動　100
スイスの改革派教会でのディアコニア　115
教会協議会会場からの特別あいさつ〈金　秀男〉　129

III　主にある交わり……133

日本福音ルーテル東京教会主日礼拝説教　134
日本福音ルーテル東京教会を訪ねて　141
日本キリスト教会柏木教会主日礼拝説教　143
在日大韓基督教会主日訪問の報告〈ヒッレ・リヒャーズ〉　151
日本聖公会阿佐ヶ谷聖ペテロ教会主日礼拝説教　157
憲法アクション講演集会　165
日本キリスト教団西千葉教会主日礼拝説教　179
二〇一七年、何か祝うことがあるのか
——東京ドイツ語教会宗教改革五〇〇年祭講演　186

Ⅳ　**現地研修**……207
いわき市の日本キリスト教団常磐教会を含むフクシマ訪問メモ〈マルゴット・ケースマン〉　208
フクシマ報告〈ウルリッヒ・リリエ〉　219
福島地方への旅〈クリストフ・ヴェーバー＝ベルク〉　223
「かにた婦人の村」への旅〈クラウディア・オスタレク〉　230

Ⅴ　**みことばをうたう**……233
ジュネーヴ詩篇歌の学びについて〈岩崎眞弓〉　234
聖グレゴリオの家のワークショップと講演の報告〈大石周平〉　238

Ⅵ　**公式声明文・報告文**……247
第七回日独教会協議会（二〇一六年四月二十二日から二十九日）最終声明　248
派遣団体SEKへの公式報告書――ディアコニア学からの視点に限って〈シモン・ホーフシュテッター〉　255
独日教会協議会、東京二〇一六年四月二十二日から二十九日まで〈クリストフ・ヴェーバー＝ベルク〉　261

第七回日独教会協議会（ＥＫＤとＮＣＣＪ）へのプロジェクト聖歌隊
――カントゥス・カヌムの二〇一六年四月日本訪問報告〈エッツァルト・ヘアリン〉 277

あとがき 282

I　開会礼拝・閉会礼拝

＊当日使用した聖書は新共同訳でしたが、出版に際しては新改訳２０１７を採用しました。

開会礼拝式次第

司　式　　菊地純子
聖書朗読　藤守麗
奏　楽　ファン・ハウウェリンゲン弥生（バーテルト・インマー制作　ポジティブ・オルガン）
説　教　　ウルリッヒ・リリエ

はじめの音楽

はじめのことば
主はこう仰せられる。「新たに耕せ、そして茨の下に種を植えるな。」
私たちはこの機会に銘記したい。「人は律法の業なしに、信仰によってのみ義とされる」ということを。

詩篇による讃詠　ジュネーヴ詩篇歌　一五〇

神のいましめ
後になって、あなたの息子があなたに尋ねて、「私たちの神である**主**が命じられた、このさとしと掟と定めは

どういうことですか」と言うなら、
あなたは自分の息子にこう言いなさい。「私たちはエジプトでファラオの奴隷であったが、**主**が力強い御手をもって私たちをエジプトから導き出された。
主は私たちの目の前で、エジプトに対し、ファラオとその全家族に対して、大きくて害をもたらすしるしと不思議を行い、
私たちをそこから導き出された。それは、私たちの父祖たちに誓われた地に私たちを導き入れ、その地を私たちに与えるためであった。
それで**主**は、私たちがこのすべての掟を行い、自分たちの神である**主**を恐れるように命じられたのである。今日のように、いつまでも私たちが幸せになり、私たちが生かされるためである。
私たちの神、**主**が命じられたように御前でこのすべての命令を守り行うとき、それは私たちの義となるのである。」（申命六・二〇〜二五）

罪の告白の祈り

今、主の前に私たちの罪を告白しましょう。主はいつくしみぶかく、主のいつくしみは永遠です。

いつくしみに富みたもう父よ、あなたは私たちにみことばを下さり、あなたの自由な恵みに生きるようお赦しくださいました。そして私たちをいましめられました。

しかしながら私たちは、あなたの御前で自分たちの正しさを主張して譲りませんでした。

そして人間の業に信頼を置きました。

あなたは、あなたの恵みだけを讃えて生きた証し人たちを、あなたの教会へとお送りくださいました。

しかしながら私たちは自らを告発せざるを得ません、あなたの恵みだけで生きることを思い切ってせず、人間の約束をみことばよりも信頼したのです。

あなたに祈ります。

どうか、私たちを私たちの犯した罪にしたがって扱わないでください、そうではなく、私たちをあわれんでください。そして私たちとあなたの教会をあらたにつくりかえてください。

私たちの主であるイエス・キリストによって祈ります。アーメン

恵みのことば

——主は言われる——
たとえ、あなたがたの罪が緋のように赤くても、
雪のように白くなる。
たとえ、紅のように赤くても、
羊の毛のようになる。

照明の祈り

私たちの愛する父よ、私たちはあなたに讃美と感謝を申し上げます。

あなたは私たちに、私たちの主であるイエス・キリストにより、ご自分をお与えくださいました。

あなたは私たちに、この方《かた》だけに向かって歩むように、あなたのみことばだけに向かって歩むように、あなたの恵みにだけ向かって歩むように命じられました。

私たちは祈ります、あなたの聖霊の働きにより、あなたのみことばが私たちのところで生きて働かれますように、私たちがまことの信仰へと導いてください。そしてそこにとどまらせてください。

聖書朗読　使徒の働き〔使徒言行録〕二章一～四節

讃美歌　ジュネーヴ詩篇歌　四七

説教――説教後の祈り

説教後の讃美（会衆によるアーメン）「来たれ聖霊、わが主」讃美歌21　三四一

公告

この礼拝をもちまして、第七回日独教会協議会を開催いたします。

このたびはドイツ福音教会連盟（ＥＫＤ）に加えて、スイス・プロテスタント教会連盟（ＳＥＫ）から講演者、演奏者を派遣していただき、日本キリスト教協議会に属する加盟教団、加盟組織が協力して開催いたします。

明日の公開講演会とエキュメニカル・コンサート、二十九日の閉会礼拝のほかにも福島県放射線被害地、房総半島のキリスト教系福祉施設への現地研修旅行などを行います。

それに加えて、いくつかの教会が主の日に主にある交わりを用意してくださいました。プログラムに入れてあります二十四日のチラシをご覧ください。このような機会を用意したくださったすべての教会に感謝いたします。

情報を交換し、協議し、主の教会へ仕えるための良いときとなりますように願っております。

献金（協議会の運営のために）

本日の献金は協議会の運営のために献げられます。

感謝ととりなしの祈り

主なる神さま。

あなたはあなたの教会をこの世のまったただ中に据えてくださいました。そして私たちをその枝に加えてくださいました。感謝申し上げます。

どうか、あなたの教会に忠実な説教者と教師をお与えくださり、あなたのみことばをゆだねられた全権をもって告知させてください。

どうか、あなたのご意志を求めながら、御名を恐れずに告白する者たちを、不従順であるよりはむしろ、主イエス・キリストの屈辱を担う者たちをお与えください。

あなたの教会を地の塩、世の光としてください。そして隠れることなくあり続ける山の上の町にしてください。

私たちをあなたの栄光と恵みを告知することができるよう、またその意志をもつようにしてください。

あなたの教会が争い、分離していることは私たちの罪であることを見抜かせてください。

どうか、私たちをあなたの真実へと導いてください。そして目に見える教会の一致への愛と寛容をもって働くものにしてください。

共におらせてください、そしてイエス・キリストの体に連なるものへと再び、ともどもに導いてください。

道に迷った者を引き戻してください。不安に怯える者に勇気を与えてください。迫害されている者に寄り添ってください。試みにあっている者たちをあなたの愛へと救い出してください。

孤独の者たちに寄り添ってください。そして死に行く者たちを助けて、あなたへの信仰をもちながら、この世の命を閉じることができるようにしてください。

私たちを日ごとに御名を讃える者へとあらたにしてください。ついには顔と顔を合わせてあなたを見ることができ、栄光のうちにあなたに仕える時まで。

主の祈り

頌栄　「主よ、来たり、祝したまえ」讃美歌21　九〇

祝福の祈り
願わくは、主があなたを祝福し、あなたを守られるように。
願わくは、主が御顔をもってあなたを照らし、あなたを恵まれるように。
願わくは、主が御顔をあなたに向け、あなたに平安を賜るように。
アーメン

後奏

開会礼拝　説教

ウルリッヒ・リリエ

親愛なる兄弟姉妹たち。

自分の国や言葉や文化を後にした者は、外国人となります。外国人であることはショッキングな経験です。自発的な旅の場合、ショックは強制された場合よりもずっと小さいものです。今日私たちのようにゲストとして歓迎された者は、現在ヨーロッパで私たちが関わっている難民の人々とは全く状況が異なります。けれども、これまで慣れ親しんできたことが当然でなくなるという経験は共通しています。今まで慣れ親しんだ行動様式は限りある拠りどころでしかありません。日常のあらゆる場面が不測の事態をはらみ、次々と疑問がわきます。見知らぬ人が私の目を避ける場合、その人は敬意を払っているのか、それともやましいことがあるのか。地下鉄の中で、大声で話をするのは気まずいことなのか、それとも普通のことなのか。時間に正確なことは無礼なことなのか、それとも不正確なほうが礼儀に反しているのか。故郷では良い作法とみなされることが、別の文化では顰蹙《ひんしゅく》を買うこともあります。あまりに多くの成文律と不文律のルール、大小の慣習があり、これらの寄せ集めが、私たちが故郷と呼び慣れ親しんだものです。

当然、人は自分の国で、それどころか自分の共同体や家族にあっても、疎外感を覚えることがあります。疎外感には様々な側面があります。話されている言葉を理解できない場合、突然、疎外感は生まれます。ボディーランゲージも、私たちが自分たちの考えを表現する言葉と同じくらいわずかのことしか理解できません。あなたがたのすばらしい国で、私は突然、眼が見えなくなってしまいます。自分の長年の人生経験や教養は、満足に話もできない状況で色あせてしまうのです。

アカデミー脚本賞を受賞したソフィア・コッポラ監督の二〇〇三年の映画「ロスト・イン・トランスレーション」をご覧になったでしょうか。この映画は、この魅力的な都市東京を舞台にした二人のアメリカ人の話です。二人は外国の都市、外国の言語という環境にあって、数日間うまく生きていかなければなりません。あるコマーシャルが撮影される場面があります。面白いのは、日本人のCMディレクターが主人公ボブ・ハリスに、コマーシャルで彼が演じる役の説明をしますが、全く分かってもらえないという場面です。ディレクターは一生懸命、言葉の限りを尽くして説明しようとします。次から次へと説明を行います。もちろん、アメリカ人にはそれが一言も分かりません。そして通訳がディレクターの詳しい説明を、短い一言にまとめてしまうため、ボブの不安は増すばかりなのです。まさにロスト・イン・トランスレーション（翻訳で失われるもの）です。

文化的な疎外感についての強烈でユーモアに溢れた作品です。翻訳というプロセスは不安定な試みと言えるかもしれません。（そして、皆さんが私の説教を理解してくださっていることを願っています。）ドイツ語では、「翻訳する（übersetzen）」は、小舟で川を渡って対岸に移ることも意味します。翻訳がうまくいくということは、足元に新しい岸がある状態です。新しい土地です。私たちが共同で新しい土地、新しい可能性、新しい協力関係を見つけること、このことを私はこれからの一週間、期待しています。

一切の違いにもかかわらず、どんな翻訳にも先立って、一つの架け橋が、今日この礼拝を共に祝っている私たちを結びつけています。私たちの信仰です。私たちは福音主義のキリスト者です。同じ聖書、聖書のみことばと同じ想定に基づいています。共通の信仰告白もあります。ユダヤ教にルーツをもつ共通の伝統を生きています。世界中の教会が、共通の楽譜で歌う多声の合唱団です。教会は草創期から多声で歌い、祈り、願ってきました。聖書の正典にただ一つではなく、様々な神学的な視点が含まれていることが、このことを示しています。

今日は、使徒の働き〔使徒言行録〕二章一～一一節から、みことばに耳を傾けてみましょう。この箇所は、翻訳すること、話すこと、聞くことがテーマの壮大な映画でもあります。聖霊降臨の話は、私たちの教会協議会を始めるにあたり格好のテキストです。

福音史家ルカが、私たちの目の前に上映してくれる場面に浸ってみましょう。

「1五旬節の日になって、皆が同じ場所に集まっていた。2すると天から突然、激しい風が吹いて来たような響きが起こり、彼らが座っていた家全体に響き渡った。3また、炎のような舌が分かれて現れ、一人ひとりの上にとどまった。4すると皆が聖霊に満たされ、御霊が語らせるままに、他国のいろいろなことばで話し始めた。5さて、エルサレムには、敬虔なユダヤ人たちが、天下のあらゆる国々から来て住んでいたが、6この物音がしたため、大勢の人々が集まって来た。彼らは、それぞれ自分の国のことばで弟子たちが話すのを聞いて、呆気にとられてしまった。7彼らは驚き、不思議に思って言った。『見なさい。話しているこの人たちはみな、ガリラヤの人ではないか。8それなのに、私たちそれぞれが生まれた国のことばで話を聞くとは、いったいどうしたことか。9私たちは、パルティア人、メディア人、エラム人、またメソポタミア、ユダヤ、カパドキア、ポントスとアジア、10フリュギアとパンフィリア、エジプト、クレネに近いリビア地方などに住む者、また滞在中のローマ人で、11ユダヤ人もいれば改宗者もいる。またクレタ人とアラビア人もいる。それなのに、あの人たちが、私たちのことばで神の大きなみわざを語るのを聞くとは。』」

神が、私たちが話すこと、聞くことを祝福してくださいますように。

ルカの福音書と使徒の働き〔使徒言行録〕は、ご存じのように、あるドラマチックな構想にしたがっています。ベツレヘムの厩《うまや》の室内劇から福音が世界中に広まっていくというものです。この福音の旅は首都ローマにまで達することになります。この旅で、聖霊降臨の話は一つの転機を示しています。視点がアラム語圏から多言語の世界に広がるからです。ルカはこの出来事を聖霊の働きと理解しています。

親愛なる兄弟姉妹たち。

聖霊の語ることはしばしば漠然としています。「聖霊は思いのままに働く」のです。このことは神秘的で行動力のある人には逆らうことのできない響きがあります。聖霊が何にどう働くかは、理解しがたいように見えます。そこで、聖霊が使徒の働き〔使徒言行録〕の冒頭で、そもそも正確にはどのように働いたのか、ご一緒に詳しく見てみたいと思います。

この最初の場面は、まさにファンタジー映画を想起させます。十二人の男性が無機質な部屋に座っています。そこで彼らが何をしているかははっきりしません。すると突然、天から風のような音がし、炎のような舌が現れ、そして一切が変わることになるのです。

「御霊が語らせるままに、他国のいろいろなことばで話し始めた。」これは重要な一文です。聖書的な「特殊効果」、ドラマチックな場面に効果を与える風のような音と炎のような舌から目をそらしてはいけません。外国語をめぐる大活劇ばかりに目を奪われていると、この話を正しく評価できません。もっと興味深いのは、ルカがまさにこの箇所をうまく脚色する必要があると考えていることです。この箇所はルカにとってとても大切でした。本来のテーマ、決定的な理解は、全く別の形で華々しいものです。この理解は目ではなく、耳に狙いを定めています。弟子たちは自分たちが何か話さなければならないことがあることに気づきます。彼らには、それがこれまで自分たちの口から発せられなかった新しい言葉であることが分かります。これらの言葉が彼らの語彙にはなかったからです。聖霊の働きにより口を開かされます。もっと正確に言うならば、「聖霊によって」、これがルカには重要なのですが、弟子たちが、そして私たちが、神の偉大な業を語ることができるということです。そしてその結果、他の人が神の偉大な業を理解するのです。

ルカがこのセンセーショナルな場面をどのように描いているか、もう少し詳しく見てみましょう。最初、弟子たちは別の言葉を話しているだけです。ルカは彼らから言葉を湧き上がらせます。彼らは自分でそれを求めたわけではありません。計画されたわけでもなく、ターゲットグループや核となる使信があるわけでもありません。十二人の弟子たちは、自分たちが使いこなせるとは知らなかった言葉と言語を見いだします。彼らはそもそも話しているのではなく、それらの言葉を語っているのです。ペテロ〔ペトロ〕も新しく選ばれたマッティアも、弟子たちは自分たちが何を言っているのか分かりません。自分たちの知らない言葉で話しているのです。彼らはその作用を制御できません。まさに不気味な場面です。

しかし、この場面の中に、説教者は自らの姿を再び見いだします。この場面は、あるテキスト、ある話、ありがたいことに、ある説教は聖書記者が考えていた以上のことを発信するという理解を反映しているからです。私の言葉から皆さんが聞き取ることに、いや、私の言葉から作られるものを私が自由にすることはできません。どんなに優れた説教者もそれはできません。聞くという行為には、何か新しいことが起こるのです。創造的なこと、予測不可能なことが。これは不気味なことだと言えます。

私が話した言葉は「見知らぬ言葉」になります。私の口を離れるや否や、言葉は私のものではなくなります。言葉はわが道を行くことになります。私には、話したことがあなたがたの人生経験の中にどのように組み込まれるか、せいぜい推測できるくらいです。これ以上のこと、聴衆の耳、あなたがたの耳に、どのように新しい意味がもたらされるか、私には分かりません。

御霊に満たされて話し始めた弟子たちのほかに、ルカが聖霊降臨の映画に聖霊の働きを感じた二番目の大きなグループに、弟子たちを取り巻く聴衆がいます。

「この物音がしたため、大勢の人々が集まって来た。彼らは、それぞれ自分の国のことばで弟子たちが話すのを聞いて、呆気にとられてしまった。」

今や、カメラは広場の真ん中に据えられています。「天下のあらゆる国々から」来た様々な民族がいます。パルティア人、メディア人、エラム人、メソポタミア、ユダヤ、カパドキア、ポントス、属州アジアからの者、フリュギア、パンフィリア、エジプト、リビアのクレネ地方からの者、ローマ人、クレタ人、アラビア人がいます。文明世界の人々です。

日本とドイツのキリスト者である私たちは次のようなことを想像できるかもしれません。彼らに共通なこと、私たちすべてに共通なこと、福音史家はそこから出発します。宗教的な音楽性です。ルカは、神を敬う者と定義づけます。私たちは神を敬う者です。

もう少し近くに焦点を合わせてみましょう。騒々しい状態です。バベルの塔の工事現場にいるかのような喧噪があります。そこに突然、この群衆の間に何かが起こります。それぞれが耳を傾けます。自分たちの聞き慣れたものを聞いたからです。外国のただ中にあって。繰り返しこのことに注意を向けましょう。ここではメディア人、あそこではエジプト人、そこではアラビア人が仕事を中断し、話をやめ、頭を上げ、聞き耳を立てます。なぜでしょう。その人たちは思いがけなく、遠い故郷からのように聞こえてくる考え、言葉、言語の響きを耳にしたからです。聞き耳を立てたとき、知覚したとき、ルカはその内容には全く触れていません。ペテロは後になってようやく演説を始めます。いいえ、この最初の傾聴は言葉の意味とは無関係です。この傾聴は響きにのみ向けられています。この響きにより育まれるのは考えることではなく、感じることです。「……大勢の人が集まって来た。そして、だれもかれも、自分の故郷の言葉が話されているのを聞いて、あっけにとられてしまった。」あらゆる国々から来た人々が、異郷で自分が慣れ親しんだもの、故郷に似た感じのものを聞きます。母国語です。母国語は心の琴線に触れます。母国語が彼らの注意を引きます。外国に長く滞在し、自分の言語で言葉を交わすことを諦めざるを得なかった者は、心強く感じたことでしょう。自然と帰属意識が燃え上がります。しばしばこの感情はすぐに弱まり、時に失望に変わります。同じ国籍を持つことが決して深いところで共有するものを保証してはいないからです。しかし、郷愁の念は一定期間、燃え続けます。故郷の響き、そしてこの響きが耳をそばだてさせるのです。

この響きは、御霊に満たされた者の耳に入り、ゆっくりと一人ひとりにとって意味深いものとなっていきます。ルカは、慣れ親しんだものに触れた者に次のように言わせています。「私たちそれぞれが生まれた国のことばで話を聞くとは、いったいどうしたことか。」

親愛なる兄弟姉妹たち。

ここに聖霊が実際に働いているのです。つまり、私たち人間の言葉で神の偉大な業を感じ取っています。聞いている言葉が故郷に似た感じがするのです。さらにそれ以上のことが起こります。聖霊が働くところに新しい私たちが生まれます。一人ひとりが御霊に満たされた私たちが生まれるのです。

「私たちそれぞれが生まれた国のことばで話を聞く。」一人ひとりの、そしてかつての見知らぬ者たちからなる新しい共同体は、言葉と文化の壁を越えて神の偉大な業に共に耳を傾けます。聖霊固有の働きはここにあります。パルティア人、メディア人、ドイツ人、日本人、あらゆる国から来たこれらすべての人々は、突然聞き耳を立て、このエルサレムの聴衆に、母国語の調べがするこの古いテキストに注意を向けます。それぞれの仕事、課題、思考に従事するために集まっていた人々の群れから、最初は漠然とでしたが、後に確かな共通の経験を経た一つのグループが生まれます。新しい私たちが生まれ、この私たちの背後に隠れているものを見つけ出そうとする願望が生まれます。どんな教会史の始まりもこうであって、私たちはまさにその一部分を構成しているのです。

聖霊が働くところで、神の偉大な業が語られ、他の人々がそれを理解します。

聖霊が働くところで、神の偉大な業について人々が聞きます。

人々が神の偉大な業について聞くところで、新しい私たちが生まれます。

聖霊が私たち親愛なる兄弟姉妹に働いて、これからの日程の中で、この聖なる三和音が私たちの出会いを、新しいけれども馴染みのある旋律で豊かなものにし、私たちが聞き、話すことに共通の言語を贈ってくださいますように。私たちは教会であり、教会となります。神の偉大な業について、常に新しいイメージや言葉で、出来事や共通の経験を通じて聞いたり、話したり、御業自体を経験するということが、あらゆる言葉や文化の壁を越えて、私たちを結びつけます。みことばと私たちお互いのために、神ご自身が私たちの感覚や心や耳を開いてくださいますように。

アーメン。

閉会聖餐礼拝式次第

司　式　　李　明生
説　教　　クラウディア・オスタレク
奏　楽　　ファン・ハウウェリンゲン弥生（バーテルト・インマー制作　ポジティブ・オルガン）

前奏

初めの歌　教会讃美歌　一四一（一、二）　かみよたかきより

御名による祝福
司式―父と子と聖霊のみ名によって　　会衆―アーメン

キリエ・グロリア
司式―主よ、あわれんでください　　会衆―主よ、あわれんでください
司式―キリストよ、あわれんでください　　会衆―キリストよ、あわれんでください
司式―主よ、あわれんでください　　会衆―主よ、あわれんでください

司式―天には栄光、神に　　　　　　　　　　会衆―地には平和、御心にかなう人に

特別の祈り
栄光の父、愛の神よ。あなたは、まことの平和の源です。私たちを福音の証し人、平和の働き人として送り出し、救いの約束に仕える喜びで満たしてください。御子、主イエス・キリストによって祈ります。アーメン。

聖書　マタイの福音書一四章二二～三二節

説教

信仰告白　ニケア信条
天と地、すべての見えるものと見えないものの造り主、全能の父である唯一の神を私は信じます。
唯一の主イエス・キリストを私は信じます。主は神のひとり子であって、すべての世に先立って父から生まれ、神の神、光の光、まことの神のまことの神、造られたのではなく、生まれ、父と同質であって、すべてのものは主によって造られました。主は私たち人間のため、また私たちの救いのために天から下り、聖霊により、おとめマリアから肉体を受けて人となり、ポンテオ・ピラトのもとで私たちのために十字架につけられ、苦しみを受け、葬られ、聖書のとおり三日目に復活し、天に上られました。そして父の右に座し、栄光のうちに再び来て、生きている人と死んだ人とをさばかれます。その支配は終わることがありません。
主であって、いのちを与える聖霊を私は信じます。聖霊は父と子から出て、父と子とともに礼拝され、あがめ

られます。また、預言者をとおして語られました。

唯一の、聖なる、公同の、使徒的な教会を私は信じます。

罪の赦しの唯一の洗礼を私は受けいれます。死人の復活と来たるべき世のいのちを待ち望みます。（アーメン）

聖餐式

序詞
司式―主が共におられるように　　会衆―またあなたと共に
司式―心をこめて主を仰ぎましょう　　会衆―主を仰ぎます
司式―主に感謝しましょう　　会衆―感謝はふさわしいことです
設定
司式―私たちの主イエス・キリストは苦しみを受ける前日、パンを取り、感謝し、これを裂き、弟子たちに与えて言われました。「取って食べなさい。これはあなたがたのために与える私のからだである。私の記念のため、これを行ないなさい」。
食事ののち、杯をも同じようにして言われました。「取って飲みなさい。これは罪の赦しのため、あなたがたと多くの人々のために流す私の血における新しい契約である。私の記念のため、これを行ないなさい」。
会衆―アーメン。
主の祈り
天の父よ。御名があがめられますように。御国が来ますように。
御心が天で行なわれるように、地上でも行なわれますように。

私たちに今日もこの日の糧をお与えください。
私たちに罪を犯した者を赦しましたから、私たちの犯した罪をお赦しください。
私たちを誘惑から導き出して、悪からお救いください。
御国も力も栄光も　とこしえにあなたのものだからです。アーメン。

アグヌスデイ

世の罪を取り除く神の小羊よ。憐れんでください。
世の罪を取り除く神の小羊よ。憐れんでください。
世の罪を取り除く神の小羊よ。平和をお与えください。アーメン。

配餐

祝福

会衆―アーメン

終わりの歌　教会讃美歌　一四一（三、四）　かみよたかきより

後奏

閉会礼拝　説教

クラウディア・オスタレク

親愛なる兄弟姉妹たち。

楽しくわくわくさせられた協議会が終わろうとしています。十六世紀の宗教改革が今日の教会のディアコニアにどのような刺激を与え得るのかについて学びました。すべての講演を通じてはっきりしたことが一つあります。信仰と行為は一体であるということです。そしてそれは、私たちが自らの救済のために何かできるということではなく、私たちがこの世界で自由に責任ある行動をとることができるように、自由に愛を実践することができるように、神がしてくださったためです。

私たちは教会として、疎外されたり困窮にあったり、権利や尊厳が尊重されなかったりした人々の側に、わが身を置くことができます。しかし、私には、協議会で得られたような神学的な知識をどのように実践していくか、という問いかけが常に大切に思えます。どのように知識を行動に移したらよいでしょうか。講演や今回の素晴らしい出会いや神学的な議論の次に、何が続くのでしょうか。この問いかけによって私は、今回の協議会の成果に実践への道を開きたい。そしてそれを、マタイの福音書の聖書箇所を使って試みようと思います。

マタイの福音書一四章二二～三二節。

「[22]それからすぐに、イエスは弟子たちを舟に乗り込ませて、自分より先に向こう岸に向かわせ、その間に
群衆を解散させられた。[23]群衆を解散させてから、イエスは祈るために一人で山に登られた。夕方になっても
一人でそこにおられた。[24]舟はすでに陸から何スタディオンも離れていて、向かい風だったので波に悩まさ
れていた。[25]夜明けが近づいたころ、イエスは湖の上を歩いて弟子たちのところに来られた。[26]イエスが湖の
上を歩いておられるのを見た弟子たちは『あれは幽霊だ』と言っておびえ、恐ろしさのあまり叫んだ。[27]イ
エスはすぐに彼らに話しかけ、『しっかりしなさい。わたしだ。恐れることはない』と言われた。[28]するとペ
テロが答えて、『主よ。あなたでしたら、私に命じて、水の上を歩いてあなたのところに行かせてくださ
い』と言った。[29]イエスは『来なさい』と言われた。そこでペテロは舟から出て、水の上を歩いてイエスの
方に行った。[30]ところが強風を見て怖くなり、沈みかけたので、『主よ、助けてください』と叫んだ。[31]イエ
スはすぐに手を伸ばし、彼をつかんで言われた。『信仰の薄い者よ、なぜ疑ったのか。』[32]そして二人が舟に
乗り込むと、風はやんだ。」

ペテロ〔ペトロ〕に目を向けたいと思います。彼はイエスとともに大いに経験を積み、大いに聴き、感激し、励まされます。イエスとともに、彼は一人でする以上に多くのことができるのです。

親愛なる兄弟姉妹。

皆さんはどう思われるでしょうか。私は幾度も、キリストに属していることに感激します。キリストの共同体

として世界中でつながっていることを経験するとき、とりわけ感激します。私たちは礼拝や聖餐を祝い、共同で他者のために尽くしています。世界中で、ここ日本でも、どれだけ教会が、問題を抱えている人の側に立って、彼らのために何かしようとしているかを目にします。ドイツでは現在、教会共同体のどれだけ多くの人が難民を支援し、彼らを敵意から守ろうとしているかを目にします。私たちがこの世界で神の愛に余地を与えることができるよう、どれだけ多くの分野でディアコニアが盛んに行われ、幾度も新しい道を模索しているかを目にします。

「イエスはすぐに彼らに話しかけ、『しっかりしなさい。わたしだ。恐れることはない』と言われた。するとペテロが答えて、『主よ。あなたでしたら、私に命じて、水の上を歩いてあなたのところに行かせてください』と言った。イエスは『来なさい』と言われた。そこでペテロは舟から出て、水の上を歩いてイエスの方に行った。」

イエスを見つめながら、ペテロは勇気と感激に満ちて出発します。

親愛なる兄弟姉妹たち。

出発する、ここが大切です。イエスは弟子たち、そして私たちにもこのことを教えてくださいました。出発しましょう。キリストがこう言われるからです。「しっかりしなさい。恐れることはない。」

親愛なる兄弟姉妹。

出発しましょう。隣人への愛に生きましょう。困窮にある人を助け、人道的な諸団体に配慮しましょう。政治的な影響力を行使し、公正で平和な世の中にしていきましょう。福音書は人々に勇気を与え、すべての人が良く生きていくことができるよう、私たちの世界を形成することを目指しています。

知識から行動に移るとは、まず、一度出発することを意味します。それも、私たちがイエス・キリストの教会として、ペテロのように実現不可能に見えることをやってのけようとすることを意味します。

私たちのラテン・アメリカの兄弟姉妹は、解放の神学の中でそのような信仰の実践方法を三ステップで規定しています。見ること、判断すること、行動することです。

まずはだれがそこにいるのかを正確に見つめることが重要です。どんな人々が対象となっているのか、彼らはどのような生活をしているのか、彼らが生活している社会背景はどのようなものか、彼らは何を恥ずかしく思い、何が彼らを不安にし、何が彼らを喜ばせるのか。しかし、自分自身をも見つめるべきです。私たちはどこに立っているのか。どんな立場に立てば、私たちは不正な社会構造に組み込まれてしまうのか。

次に、判断するには、熟慮を重ねた実践が大切です。その際、聖書本文と、また社会科学や他の分析方法も、私たちの社会とそこに住む人々を理解するのに役立ちます。熟慮のプロセスの過程で、私たちは背景を調べ、位置づけ、評価し、独自の行動をとる判断をします。

そして、こうした知識を身につけ、私たちは先に進みます。行動です。これが見ること、判断すること、行動することです。

後にラテン・アメリカの解放の神学では、祝うことが四番目のステップとして登場しました。信仰の実践方法を実によく補っています。

聖書本文に戻りましょう。ペテロは勇気をもって水の上に足を踏み出します。彼以前にはだれも成し遂げられなかったことができると思います。しかし、不安に捕らわれます。現実が彼を引き戻したのです。ペテロはイエスのように水の上を歩くことができず、自分が沈んでいくことに気づきます。動揺し、不安になり、勇気は失われていきます。「強風を見て怖くなり、沈みかけ」ました。

親愛なる兄弟姉妹たち。

私にはこの気持ちがよく分かります。私たちは社会で認められていない人々のために力を尽くそうとしますが、自分たちを取り巻く環境では、それは必ずしもよく思われないことに気づきます。「なに、難民施設などに行くつもりか。学業を優先しなさい。」ドイツでボランティアの人は、これやこれと似た話をしばしば聞かされます。日本の状況がどうであるか私は知りませんが、伝統が多くの壁を築き、共同体の構成員が権利を奪われた者の側に立つことを妨げることもあると想像できます。

友人や家族の反対によって、その人の実践方法に迷いが生じます。「外国人の子どもに教会で宿題を手伝ってあげる必要があるのか。」これは私が長年、牧師を務めた教会で議論されたことです。「私たちは第一に自分の教会員に仕えているのである。」教会の役員会はそのように言います。また、自分が助けようとする人々が、助けを必要としているにもかかわらず、それを望まない時などにも、私は何度かくじけそうになりました。自分がとった選択に動揺したり不安になったり、くじけそうになる理由はいくらでもあります。

ペテロはすっかりうろたえます。水に沈みかけ、先に進めません。水没していくことは生存の危機です。しかし、動揺しているとき、私たちがしばしば忘れていることを彼は行います。彼は「主よ、助けてください」と叫んだのです。

親愛なる兄弟姉妹たち。

祈りは実践方法の一部です。霊性と実践は対になっています。これについて、私たちは講演で聴きました。教会としての私たちの生活の中で、私たちがとった選択に迷いがあるとき、いつも共にいてくださることを神に願うこと、このことが私たちに力と新しい勇気を与えてくれます。ドイツでは現在、ディアコニアの実践にあたり、再び両者をより強く結合する道が模索されています。社会的活動と霊性、ディアコニアと礼拝です。世界を旅して私は、ドイツ人がこの点において他の国の教会から多くを学ぶことができると思います。

ペテロは、求めていた助けが得られます。「イエスはすぐに手を伸ばし、彼をつかんだ」と聖書にあります。イエスのこの所作は、信頼することを教えてくれます。私たちがとった選択に不安があっても、私たちは孤独ではありません。キリストが手を伸ばし、私たちを沈ませることはありません。この信頼にのみ、私たちは信仰を実践する道を歩むことができるのです。信頼は理論的な知識や認識以上のものです。信頼は心の深いところに届きます。私たちが出発したとき、途上にあるとき、思い切って何かをしたとき、主への信頼を感じることができるでしょう。

信頼すること、つまり信仰が、イエス・キリストに倣う私たちの生活にきわめて重要なことは、宗教改革者が強調してきたことで、これについて私たちはこの協議会で聴きました。マルティン・ルターはイエス・キリストを信頼し、この信頼が彼に行動の自由を与えたので、自分の道を歩みました。ジャン・カルヴァンは、イエス・キリストをほめたたえるために、私たちが感謝の念をもって戒めを守り、隣人愛を実践するよう強調しました。聖書を読むことと隣人愛の実践は一体であり、これらは不可分のものです。

親愛なる兄弟姉妹たち。

私は最初に、どのように神学的知識を行動に移すべきかと問いかけました。他の人々と一緒に、兄弟姉妹たちと一緒に、また、ひょっとすると同じ目標を目指す他の信仰をもった人々と一緒に、まずは勇気をもって出発することが大切だと思います。人々のために、人々とともに正義と平和を保証するために、困難な生活状況を改善するために、皆が良い生活を営むことができる世界になるよう尽くすために、出発することです。始めること、出発すること、見ること、これに加えて、人々と話すこと、よく見ること、熟考すること、学んだことをもとに前進することです。

　どんな道も困難に満ちています。時には険しい道かもしれません。そのとき、祈ること、神と対話することが助けとなります。私たちは、ペテロにしたように手を差し伸べてくださるイエス・キリストを信頼し、前進しましょう。

　私たちすべてが、この協議会を教会の実践を反映したものと理解し、エキュメニカルに結ばれて、私たちに委ねられた隣人愛をふさわしく生きるための正しい道を見いだしますように。

　人知を超えた方であるイエス・キリストの平和を願って。

　アーメン。

Ⅱ　協議会講演

信仰と霊性のディアコニアとの関わり
――こんにち、宗教改革から示唆を受ける

マルゴット・ケースマン

1 宗教改革の信仰

一五一七年に宗教改革の開始を告げたルターの「九十五箇条の提題」は、それまでの教会の弊害に対する厳しい宣戦布告でした。すでに長い間、教会の現実に対する不満がたまっていました。教会で語られていたのは、節制と謙遜についてでした。ところが実際には、司祭、司教、そして教皇らは独身ではなかったし、贅沢三昧の生活を送っていました。宗教改革に類する運動は、これまでジョン・ウィクリフ、そして一四一五年にコンスタンツ公会議で、ルターと似た考えをもっていたために焚刑に処されたヤン・フスによって始められていました。それで私たちは、ルターの言葉の力とカリスマ性が、すでに潜在的に批判された現実の状況の中で発揮されたと言えます。

ルターが「九十五箇条の提題」で問題としたのは、金銭で罪責を免じるという行為が聖書によって裏づけられていないということでした。ルターにとっては、

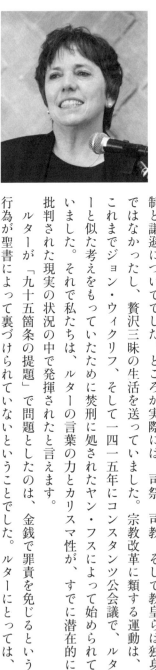

聖書こそが教会とこの世のことについて判断する規範でした。彼は聖書を熟読することで、教会が罪を赦すことはできないことを認識しました。罪責から自由の身へと買い戻すこともできないことを理解しました。聖書には、そのようなことは何も書かれていないからです。

「どのようにして神の恵みを得ることができるのか」、ルターを義認論へと導いたこの問いは、今日ではあまり馴染みのないものになっています。煉獄と地獄の苦しみに大きな不安を抱きながら生きていた中世の人々の思いを理解するのはなかなか困難だからです。当時、神のみこころにかなう生き方は、修道院と独身制以外には不可能と考えられていました。ですから、だれもが日々罪を犯していることとなります。夫婦の営みがそれに該当したのです。そしてそれだけにとどまらず、掟を破ること、教会が課した義務を怠ること、誤った考えをもつことでも罪を犯すことになりました。絶えず教会で告解を行い、贖宥状を購入することでのみ、煉獄から脱する希望を得ることができたのです。煉獄については非常に残酷な様子が事細かに絵画や文章で描写されました。「地獄では、高利貸したちを、膿と血でできた煮え立つ海が待っている。殺人者たちは、爬虫類が這い回る狭い部屋に行く。正義を嘲った者たちは、燃え上がる炎の上に、その舌を釣り針でひっかけられ、体を上から吊り下げられる。」[*1] こうした不安が絶えず心を支配し、それとともに、教会の力が絶大なものとなっていきました。なぜなら、教会のみが告解のできる場であり、そこから提供される贖宥状によって永遠の裁きから逃れられるからです。

ルターは宗教改革的な認識を、聖書とアウグスティヌスのテキストに基づいて発展させました。ローマ人への手紙一章一七節をルターは次のように読みました。「なぜなら、『義人は信仰によって生きる』（ハバクク二・四）と書いてあるとおり、そこには、神の前で有効な、信仰による義が啓示されているからである」と。このローマ人への手紙のテキストの意味を検討することで、このテキストが自分の思考や行動によって、さらには悔い改めという行為や贖宥状の購入によって、自分自身を神の前で義にふさわしいものとするということを意味していないことを明らかにしました。そうではなく、信仰によってのみ神の前に義とされるというのです。

新約聖書を翻訳する際、ルターは、彼自身を解放した認識をそこに吹き込んでいます。そのことは、ローマ人への手紙三章二八節を訳すときに見られます。「そこで、私たちは、人は、律法の業なしに、信仰によってのみ義とされる。」この翻訳によって、彼は厳しく批判されました。なぜなら、「のみ」という言葉は、ルターが使っていたギリシア語原典にもラテン語テキストにもなかったからです。しかしルターは、それらの批判に積極的に対峙しました。『翻訳に関する書簡』の中で、「同様に、私はここ、ローマ人への手紙三章で、ラテン語とギリシア語のテキストに〈のみ〉という語が載っていないことをよく知っていた。そして、そのようなことを、教皇主義者たちが私に教える必要はなかった。真実は次のとおりである。愚か者たちが、牛が新しい門を見るように眺めているアルファベット“s-o-l-a”〔＝のみ〕は、そこには載っていない。けれども彼らは、それがテキストの意味にふさわしいことを見ていない。もしドイツ語に明瞭に翻訳しようとするならば、この言葉はここに含まれている。なぜなら私は、ラテン語でもギリシア語でもなく、ドイツ語を話したかったからである。*2」

信仰によってのみ私は生きるのです。そして、この信仰それ自体も功績ではありません。神の賜物、神の恩恵なのです。私を義と認めるのは神であり、私ではありません。私の考えや行為によって義とされるのではありません。しかし、このことを経験するのを許されているとわかれば、私は、たとえ完全になれないとしても、神のみこころにかなうように生きることができるでしょう。

ルターは聖書をドイツ語に翻訳しました。だれもが、そこに書かれていることを自分で読めるようになるためです。マルティン・ルターにとって、「キリスト者の自由」を実現するときに、すべての女性と男性が一人ひとり三位一体の神への信仰を告白することができ、イエス・キリストへの告白を理解することができます。成熟した信仰をもつためには、ルターにとって、すべての女性と男性が自分で聖書を読み、日々用いる「小教理問答書」という信仰告白を暗記するだけでなく、これを教えられるように、信仰について語れるように教育されていることでもありました。そのための土台は、すべての人のための教育でした。それを受けられる人々、あるいは修道院に入ることで教育の機会を獲得する人々だけのための教育ではありません。少年少女はみな、どのような出身の者であっても、聖書によって自分の良心を研ぎ澄ませ、世界と人生についての重要な問いに対する自らの考えをもつために、読み書きを学ぶべきなのです。

マルティン・ルターは、教育の機会均等と教育への参加というテーマを公の問題として取り上げ、そのために尽力した最初の人物でした。彼は、そのための神学的基盤を備えていました。信仰とは、彼にとって教育による信仰でした。つまり、それは、慣習に基づく信仰や霊的体験によるだけでなく、自由をもたらす福音の使信を受け入れることによる信仰です。教育による信仰は、ルター自身の歩みに根ざしています。彼は、聖書とアウグスティヌスの著作を熱心に研究することによって、自由を与える義認の理解に到達しました。信仰は、ルターにとって常に自分に返ってくるものでした。つまり、キリスト者の一人ひとりが、神の前で自ら弁明をすること、そして個人として神によって愛されていることでした。教会は、洗礼を受けた者たちの共同体ですが、もはや個人のための救済の仲介者ではありませんでした。教育された、自己に責任をもつ信仰は、ルターが、女性であれ男性であれ、すべての市民が教育の機会を得るように努力した本質的で神学的な動機なのです。私たちドイツ人にとって、「すべての人のための学校」である公立学校はルターの功績です。ルターの神学からすれば当然のことですが、興味深いことは、彼が女子教育にも尽力したということです。聖書の中心、それはルターにとってイエス・キリストでした。イエス・キリストが信仰の中心です。

後の時代に、ルターの宗教改革的認識は、四つの「のみ」と表現されました。

キリストのみ——イエス・キリストのみが決定的に重要です。教会ではなくイエス・キリストが、信仰者に対して権威をもっています。

恵みのみ——神の恵みのみがあなたの歩みを義にふさわしいものとします。あなたの行為や功績がそのようなものにするわけではありません。

聖書のみ、あるいは神のみことばのみ——教会の教義や教理ではなく、聖書のみが信仰の基礎です。人間の行為ではなく、神のみことばのみが決定的に重要です。

信仰のみ——繰り返しになりますが、あなたの行為あるいは成功、そして、あなたの失敗ではなく、信仰のみが決定的に重要です。

2　福音主義の霊性

神のみことばのみ、聖書のみ、これに聴くことに集中することで、ときとして福音主義のキリスト者は、霊性、つまり、信仰の生き生きとした経験をなおざりにしてきました。聖書を大切にする福音主義の敬虔が話題とされますが、それは確かに宗教改革の信仰の実践の特徴である礼拝と共通しています。

聖書への集中に加え、福音主義の霊性を表現する中心的なものは、讃美することでした。それは宗教改革当初からのことでした。宗教改革それ自体がある意味で讃美する運動であったと言うことができるのです。ルターは、自分の神学を著書以上に、讃美歌によって広めました。宗教改革者は、「音楽は、悪魔を追い払い、人々に喜びを与える神の賜物である」と書いています。

したがって、宗教改革の霊性を支えるものとして音楽があると言えます。これは、祈りにも当てはまります。祈りは霊性への最も簡単な入り口でもあります。なぜなら、面倒な教えを必要とせず、自然に生まれてくるからです。私たちは祈りを複雑なものとするべきではありません。

マルティン・ルターは、理髪店のペーターに、「単純素朴に祈る方法」について書きました。そして、「主の祈り」を素朴に祈るようにと勧めました。大げさに祈らなくても、この祈りによって心を熱くするときに、すべては聞き届けられるのです。ルターはこう書いています。「私も、たくさんの書物や思索よりも祈りから多くのことを学んだ。だから、心が祈りのために自由となって、祈りを望むことが重要なのである。……もし、お話をしながら、心ここにあらずで、注意散漫であるとしたなら、それは神を試みることになるだろう。*3」

そうです、祈りとは集中でもあるのです。祈りのために自分の定まった場所をもっていることは良いことです。礼拝で共同の祈りがささげられますが、毎日の生活の中で個人的な祈りもあります。祈りは、ある種の日常的な所作の訓練でもあります。そのようにして、神との対話が私たちの日常の一部となることができます。私たちは、神との対話をある定まった形で始めるのです。そうするときに、ここにおいても、また日常生活の中で、休暇で他の場所にいるときでも、そして、危機的状況あるいは幸いな時でも、その対話は私たちの生活の一部となるでしょう。

祈りは、ある規律ある形を取りますが、そのことをルターは修道院で学びました。このことやあのことが起こりますようにと祈ることは、小銭を入れ、何かが出てくるのを期待する自動販売機のようなものに神を貶めることです。祈っているうちに、願い事が祈りの始まりにすぎないことを学ぶでしょう。多くの場合、その時々の心の中の思い、とりわけ不安や期待があるところから生まれてきます。けれども、祈りにおいて大事なことは、長期的に、また継続的に神と対話し、神との関係をもち続けることです。そのことが私自身を変化させるのです。

そのことはルターの朝と夕べの祈りにおいて明らかです。彼は、自分自身を神の手から受け取り、そして神の手に戻すという仕方で一日を構成しています。

ルターの朝の祈り――一日を始めるための祈り

毎朝、起きて、次のように言いなさい。
父と子と聖霊とのみ名によって。アーメン。
そして、ひざまずくか、または立って、「使徒信条」と「主の祈り」をとなえ、
もし望むならば、つぎの短い祈りをささげる。

天の父よ、この一夜、あらゆるわざわいと危険から、わたしをお守りくださったことを、あなたの愛する

み子、イエス・キリストによって、感謝いたします。この日もまた、罪とすべての悪とから、わたしを守り、わたしのすべての行いと生活とが、み旨にかなうようにお祈りいたします。わたしのからだも、魂も、すべてをあなたのみ手におまかせします。どうか悪い仇が、わたしに力をふるうことがないように、聖なる天使を、わたしといっしょにおいてください。アーメン。

そして賛美歌をうたい、十のいましめ、あるいは自分の信仰の示すところにしたがって、喜んで自分の仕事につく。*4

特に私が気に入っているのは、ルターが、私たちがひとりで祈っているのではなく、すべてのキリスト教会とともに祈っていることを強調していることです。一つの祈りが全世界に関わっているというこの考えは、とりわけ心を動かすものです。私たちは、神との対話によって地球を包み込んでいるのです。神はそのようにこの世界に現臨しておられます。私たちが全地を包み込んで祈り合うことが、私たちを一つの共同体とします。この世界には私たちの心を震わせるような不幸があり、私たちは直接にはそれに援助の手を差し伸べることができません。けれども、私たちは祈ることができるのです。

私は、州教会の監督を務めていたときに、いくつかの教会、また修道院で私のために祈っていてくださったことを知りました。そのことに私は感動しました。「私はあなたのために祈っている」と伝えることは、慰めを与えますし、重荷を分かち合うことができます。困難に直面しているときに勇気を与えます。なぜなら、自分はひとりでないことを知るからです。

また、私が多くの人々との会話の中でいつも経験することは、いかに多くの国の人たちが、とりなしの祈りによって強められていると感じているかということです。その人たちは、「私は忘れられていない。他の人が私の苦しみに心を配ってくれている」ということを経験しているからです。私たちは、エキュメニカルなとりなしの祈りのカレンダーにしたがって、週ごとに世界のある特定の地域のキリスト者たちのために祈っています。[*5] そして、世界中で互いに祈り合うとき、そこに一つの新しい世界が現れる、と私は信じています。祈りは、神との個人的な関係をつくるだけでなく、私たちの交わりの要素でもあるのです。そして、祈りには効果があるのかと聞くならば、私たちがまず神へと向かい、他者のために責任を負うとき、それが効果であると言えます。

かつてカトリックの司祭であったドイツの福音主義の神学者フルベルト・シュテフェンスキーは、次のように書いています。

「神が最初に祈っておられます。なぜなら、神が最初の切望のことばを語っているからです。祈る私たちは何ものなのでしょうか。祈りとは何でしょうか。祈りとは、人間が人生の秘密に自らを引き渡すことです。祈りは、何かを獲得するための手段ではありません。祈りにおいて、私たちは常に、そのようにあるべきです。つまり、自分自身に根拠をもつのではなく、世界の根底へと自らを言い表すのです。……私たちは、自分自身の美しさや尊さを神の眼差しの中で認識します。……祈りとは、受動的で、自分自身を賛美するのを放棄する最も高い次元のことなのです。[*6]」

これは、祈りの重要な要素です。つまり、私が自分自身を解き放つことです。私が他者を信頼することです。私が今ここにある存在を超えて、私が考えるよりもはるかに広く、大きく、深い、神との対話に入ることです。自己を手放し、放棄することが、人生のあり方を深いものとします。そうして私は祈りを通して、私に対するあらゆる圧力からの宗教改革的な自由を経験します。私たちに対して語られたこと、神の前で話されたことの多くは、その力を失い、それはもはや私たちを苦しめることはありません。祈りによって困難がなくなるということはありません。けれどもそれも、たいていの場合、それに相応の次元に戻されるのです。私たちが負っている重荷と、私たちを悩ます不安は解消されることはないとしても、祈りによって対処することができるようになるのです。

この数十年の間に、ヨーロッパの宗教改革の伝統に立つ教会では、霊性が新たに顧みられています。これはフェミニスト神学の貢献もありますが、全体として経験を伴う信仰が求められているからと言えます。アンケート調査では、多くの人が再び宗教を求め、信仰と祈りに拠りどころを求めているということです。とりわけ現在、体験や実践を伴った宗教、経験可能な信仰に対するニーズが大きいようです。私には、このこととの関わりで、重要な問いがあります。それは、私たち宗教改革の伝統に立つ教会がキリスト教に特有の経験を提供できるのか、あるいは、経験の次元が教会に期待できるものとして見られているのか、という問いです。いずれにしても、多くの人たちは、自分たちの宗教的な求めに対する答えを教会の中に、特に頭でっかちに見える宗教改革の伝統に立つ教会の中に見いだせないと思っているようです。しかし、これは全くルター的ではありません。ルターは、ドイツの讃美歌が表しているように、自らの信仰を「心と口と手で」生きた人でした。私は、私たちの教会がそうこうしている間に、巡礼や修道院での滞在、黙想や沈黙のセミナーのような機会を提供しようとしているのは良いことだと思います。重要なのは、四つの「のみ」がわかるようになることです。

ドイツの福音主義教会で、近年新たに発見されたのは、断食の実践です。一九八三年に七〇人の参加者によって、アクション「七週間何かを断つ」が始められました。これは、灰の水曜日に始まり、イースターに終わります。その間に、二〇〇万人以上の福音主義のキリスト者たちが毎年これに参加しています。ローマ・カトリック教会の伝統とは異なり、告解のサクラメントが問題となっているのではなく、救いをもたらす約束や義務もありません。このアクションでは、自分にとって習慣となっている何かを断つことを通して、受難節を自覚的に受けとめることが考えられています。その何かとは、テレビであるかもしれないし、アルコール、たばこ、インターネットのチャットかもしれません。このようにして、社会や習慣による力から自由となるでしょう。それは、非常に宗教改革的な動機です。それが再び新しい律法主義に陥ってはならないということは、繰り返し議論されてきています。

だれもが霊性について語りますが、それが具体的に何であるのかを厳密にはわかっていないようです。霊性という概念を短いことばで定義するのは、ほとんど不可能です。この概念は、「信仰、敬虔の実践、人生のあり方」を含み、「後期プロテスタントの敬虔、つまり、一方的に言葉を志向する、あるいは一方的に行為を志向する、あるいは一方的に雰囲気を志向する敬虔に対する代替案を提供しています[*7]」。フルベルト・シュテフェンスキーは、霊性という概念を「形式化された関心」や「人生の包括的な経験」と把握しようとしています[*8]。

新約聖書では、「神の霊」について繰り返し語られています。ここで用いられているギリシア語「プニューマ」は、ラテン語では「スピリトゥス」と訳されています。イエスは、ヨハネの福音書でこう語っています。「神は霊ですから、神を礼拝する人は、御霊と真理によって礼拝しなければなりません」(四・二四)。

つまり、霊性とは、この世と時間、内的なものを超える信仰の次元、そして常に私たちを新たに感動させる神的な現在を示しています。霊性とは、三位一体の第三の位格である聖霊によって成し遂げられる信仰の次元です。神の霊を通して、私たちは神を経験できます。この経験では、イエス・キリストが中心であり、聖霊を通して力を得ます。これが、ルター派の霊性へのアプローチです。

けれども、霊性に対する新たな感動に対して批判的問いもあります。これはカトリック的なのではないか、あるいは、宗教改革前のものではないか。霊性は、プロテスタントを社会的な取り組みから引き離す、流行の概念ではないか。プロテスタントが黙想をしてもよいのか。そこに密教が含まれているのではないか。どこに理性と啓蒙の領域があるのか。再びカトリック化し、神秘主義を志向しようとしているのか。正教会のイコン崇敬を啓蒙主義以降の神学の枠組みにどのように位置づけるのか。禅仏教などに明確な境界線を引く必要はないのか。ヨガは福音主義のキリスト者に適応されるのか。感覚的な経験が、宗教改革に基づく信仰において、こうした役割を果たしてもよいのか。

これらは、今日の福音主義の霊性に対する問いであり、日本ではおそらくドイツとはまた異なった仕方でなされていることでしょう。もう一度言いますが、私は、次のように確信しています。宗教改革の神学の四つの「のみ」が明確であるならば、福音主義の巡礼、ダンス、黙想、沈黙は存在する、と。

3　ディアコニアの行為

マルティン・ルターがそれまでのキリスト教会の歴史と共有しているものがあります。愛の強調、厳密には、信仰によって解放されたキリスト者たちによる人々に対する思いやり、つまり隣人愛の強調です。マルティン・ルターはこのことを、一五二〇年に著した『キリスト者の自由』の中で有名な二つの命題を通して見事に表現しました。「キリスト者はすべてのものの上に立つ自由な君主であって、何人にも従属しない。キリスト者はすべてのものに奉仕する僕であって、何人にも従属する。[*9]」しかし、なぜ「キリスト者は、すべてのものに仕える僕であって、何人にも従属する」のでしょうか。なぜなら、キリスト者は、愛において他者に向けられているからです。信仰において、「キリスト者はすべてのものの上に立ち」、王のような主権を有し、神にとても近いところにいますが、愛において常に他者のために存在しているのです。それで、ルターは第二十六節で書いています。キリスト者は、「なぜかと言えばこの地上では人間は、単に自己の身体だけで生きているのではなく、他の人々のなかに生活している。そのため人は他の人々に対して行いなしにいることはできない。彼等と語り、彼等と交渉をもつときに、これらの行いの何れをも、義と祝福とに達するために決して必要とする訳ではないが、これを避けることはできないのである。そこであらゆる行いにおいて彼の意図は自由であり、ただこれを以て他の人々に仕えまた役立つようにそれがむけられなければならないが、その際彼は彼等にとって必要なもの以外は何をも念頭におくべきではない」[*10]。

キリスト者は信仰において自分自身のために、いつも十分なものをもっており、霊的に満たされて生きることができるので、他者を愛し、他者のために存在することができる自由な者なのです。ルターは第二十七節でこう書いています。「そのようにキリスト者は今や全く自由ではあるが、しかし彼は喜んでその隣人を助けるためには己れを僕となし、あたかも神がキリストを通して彼と関わりたもうたように、彼とかかわり行うべきである。しかもそれらすべてを価いなしに、神のよろこびのほかにはそこから何一つ求めることなく、ただ次のように意図する。すなわち『まことにわたしの神は、全く価値なき呪わるべき人間であるわたしにさえも、何の功徳もなく全く価いなしにしかも純粋な憐みから、キリストを通し且つキリストにおいて、あらゆる義と祝福とにみちた全き富をあたえたもうた。そのためわたしは、これより後それがそうであると信仰すること以外に、もはや何をも要しないところのものとされた。かくもみち溢れるばかりの財宝をわたしに注ぎ与えて下さったかかる父に向って、わたしもまた自由に、喜びに溢れつつ、価いなしに、神のよろこびたもうことを行いたい。キリストがわたしのためになりたもうたように、わたしもまたわたしの隣人のために一人のキリストとなろう。そして隣人にとって必要な有益なまた祝福と思われることをのみ努めよう。わたしがわたしの信仰によりすべてのものをキリストにおいて充分にもっているからには』と。」[*11]

愛が神の掟を満たします。しかし愛は、刑罰や煉獄、そして地獄への不安から行うものではありません。ルターが対抗したのは、まさにそのことです。神の前で、自分の人生は、自身の行為によって正当化されることはありません。ですから、私は神や刑罰への不安から良い行いをする必要もありません。自発的に、私の助けを必要とする隣人に対する責任において行うのです。これがルターの考えです。信仰による大いなる自由から他者のための存在への転換がそこにあります。自由は、私たちが繰り返し強調しているように、責任だけでなく愛もなくてはだめなのです。

宗教改革の意味からすれば、私自身だけのための自由はありません。それは私たちの時代の放縦主義です。宗教改革の視点から言うならば、自由は常に他の人々と共にあります。すでに述べたように、ルターは、キリスト教にいつもあった隣人愛を十六世紀に現実のものとしたのです。低い者がより高い者になることを求めるのが愛であるギリシア的・ローマ的な理想と異なり、キリスト教において愛は、その全く逆で、マックス・シェーラーが表現したように、高貴な人がそうでない人と、健康な人が病気の人と、豊かな人が貧しい人と、美しい人が醜い人と、善人や聖人が悪人や卑劣な人と、メシアが徴税人や罪ある女たちと連帯するところで明らかになります。そしてこれは、そうすることによって何かを失うことや自分自身が「卑しく」なるという古代の不安を抱くことなしに、かえってシェーラーが言っているように、「固有の敬虔な確信をもつことによって、この身を屈める行為の実践によって、自分を低くさせることによって、自分を失うことによって、最高のものを獲得し、神と同じになる」ことです。[*12] 自己保身やエゴイズムではなく、すべてのものが発展するよう貢献することが課題となっているのです。

古代における愛の基本に、生の不安というモチーフがあるのに対して、他者に対する愛と援助は、神への信頼から生まれます。それは人に対する積極的な思いやりであり、与えられた自分の命を用いることです。ここで考えられているのは、他者の困窮を利用して自己肯定感を獲得しようとする支援者に特有の症候群を取り除くことではありません。むしろ、他の人々が何を必要としているのか、そして、たびたび言及されている自助への支援という意味で、援助を必要とする人々が再び自立して責任ある生き方をするようになるために何を提供するのか、慎重になるべきです。重要なのは、他の宗教改革者と同様に、ルターがこのキリスト教の基本的な運動を個々の人間にだけでなく、共同体にも関連づけていたということです。それで、ここにおいて「政治的な愛」について語ることができます。

ルターは、新しい社会秩序をつくることを目的としてはいませんでしたが、ヴィッテンベルクとライスニック（一五二三年）での宗教改革の精神に基づく最初の救貧制度の制定に参与しました。その際、ルターにとっては、社会保険のようなものの設置が問題でした。都市の金庫への入金は、修道院閉鎖による収入から得られるものでした。修道院の継続は、ルターにとってもはや全く意味をもたなかったからです。

社会保険あるいは金庫制度でさらなる収入は、寄付や遺産によるものでした。共同金庫は、教会当局からではなく都市当局から派遣された一〇人の委員によって管理されました。二人の貴族、二人の参事、三人の市民、そして三人の農民です。共同金庫のお金は、様々な課題や救貧のためにも利用されました。

ルターは、ライスニック共同金庫規定を印刷し、他の諸都市に推奨するものとして広めました。規定はそれぞれ受け入れられました。けれども、金庫からの支出に際しては、次のような明白な原則がありました。つまり、だれでも自分の生活費は自分で稼ぐべきであり、それが不可能な場合に、救済があるというものです。

そして、この歴史的出来事をあまり誇張した評価を下さないことを確認しなければなりません。つまり、この措置が当時、それまでのことと比して、それほど革新的ではなかったということです。ある歴史家たちは、次のように考えています。宗教改革以前の救済制度は、本質的に共同体の相互扶助のために存在した兄弟団によって支えられており、兄弟団はその財源を慈善目的の（ルターが嫌った）宴会を開催することで獲得していた、と。しかも、そのような方法で、より気前よく、より自発的に募金が集められたというのです。宗教改革以前の教会の視点からすれば、貧しい人々に施しをすることは善い行いでした。*13 人々は自発的に施しをしていました。けれどもその際、施しを受ける者よりも、施す者と、その人の神の前での義認が問題となっていました。この態度からしても、貧困を撲滅しようとする考えには至りませんでした。貧しい人々の存在は重要なことでした。なぜなら、貧しい人たちは金持ちたちから世話をされるとき、その人たちのために祈ったからです。宗教改革は、これらの問題を整理して、貧困とその支援から行為義認という宗教的動機づけを取り除いたのです。

ルターは、統治当局に弱者への配慮を義務づけることによって、ドイツの社会福祉国家としてのさらなる発展に影響を与えました。しかし、そのような政治的統治機関の義務にもかかわらず、十九世紀にさかのぼる福祉国家の源を、市民の社会的責任の発展の中でキリスト教会がイニシアティヴを発揮したことを抜きにして考えることはできません。特に労働者の困窮の出現によって、十九世紀半ばに多くの富裕な人たちが、彼らに委託されている私有財産を貧困の撲滅のために、そして隣人愛の意味において用いることを自らのキリスト教的な義務であると認識しました。これは、ディアコニアの多様な活動の中で起こったのです。

これらの多様な課題が国家に対して過大な要求となるのは明らかです。さらに、もし国家がすべての人を親切に世話することができると考えるならば、それは過度な要求と言えます。実際にそれは不可能です。そして、おそらくそれが不可能であることは、それはそれでよいのです。なぜなら、さもなければ、国家的・男性中心主義の仕方で社会が完全に支配されてしまうことになると思われるからです。

今日の社会福祉国家は、今まで以上に民間からの支援を必要としています。もちろん国家は、民間の力を吸収するだけでなく、民間の組織が国家に依存しないで、保障などを提供できるよう、これを積極的に支援すべきです。全く新たな挑戦の一つは、この社会福祉国家が移民を視野に入れて、どう機能するのか、という問いです。この点で、キリスト者は、繰り返し愛について注意を促さなければならないでしょう。困窮のために私たちの国へやって来る人々は、「社会福祉国家への移民」ではなく、連帯への権利を有する尊厳をもつ一人ひとりです。栄養、住居、教育と健康機関へ行くことは、すべての人に与えられている人権です。ディアコニアはその責任を負っています。

最後に、福音主義は、この姿勢を聖書から導き出していることに注目しておきたいと思います。繰り返し言われているのは、教会は「固有のこと」に取り組むべきであるということです。そこで考えられているのは、宣教とたましいへの配慮です。けれども私は、聖書のテキストを決して現実から離れたところで読むことはできません。福音主義教会は、非政治的であることは不可能です。そうでなければ、教会は自分たちの由来を否定することになるでしょう。

ドイツにおいて私たちは、社会福祉国家を一種の「憐れみの循環」あるいは連帯の循環と見ています。私たちの存在の基本において、また、ゆりかごから墓場までの人生の流れを通して、私たちは「障がい者」や「要介護」と呼んでいる人々と深い関わりがあるし、この人たちと根本においては同じです。ただ言葉と彼らとの関わり方で、私たちはその人たちを「他者」としているだけなのです。ここで私が言いたいのは、障がいのある人々の異質性は、社会で構築されたものであるということです。つまり、それは変更が可能なのであり、根本から形づくることができるということです。ある人が「障がい」というスタンプを押されるのを、いつ、だれが決めるのでしょうか。その人が援助を必要としていると、いつ、だれが決めるのでしょうか。

憐れみは、決して人を見下した態度ではありません。それは一つの出会いです。私が身を屈めて一ユーロを物乞いする人の帽子に置くこと、私が目を見つめてホームレスの人の販売する雑誌や新聞を買うこと、そこには明確な違いがあります。ディアコニアのプロジェクトがいつも強調してきたことは、受け取る人が恥と思うことなく、むしろ、自らを祝福の循環の中で見る、ということです。憐れみと連帯の循環を私たちのだれもが、人生の中で必要としています。たとえいま私たちに力があっても、です。このことを理解している人は、様々な仕方で与え、惜しげなく、喜びと感謝をもって、他者のために行うことができます。すべての命に、尊厳が約束されています。

命の尊厳に取り組んでいる人は、福音に従事しています。それで、他者のために働く人々に対する憐れみも問題となります。福祉の現場には、しばしば深い疲労感が蔓延しています。ここには、適切な給与の支払いを政治的に求めること、そしてこの職業の公共的役割を承認することを政治的に要求することが含まれています。もし介護職員が疲れ果て、分単位で介護業務をしなければならないときに、私たちはそれについて知らないふりはできません。人間は機械ではありません。連帯する社会は、尊厳をもって介護され、世話されること、そしてこの大変な行為の対価が適切に、まさに敬意をもって支払われるようにしなければなりません。

ルターによる愛と自由についての壮大な弁証法的な総合命題は、今日にもそのまま妥当します。他者との共同体に生きるすべての人に妥当します。そして、おそらくは、政治にもより妥当します。自由な社会とは、その中で可能な限り多くの人々が自分の能力に応じて力を発揮できる社会です。そのような社会の中で、だれもが人生のリスクに対する幅広い社会保障を必要としています。それゆえ、近代の社会福祉国家は、いわゆる「可視化された愛」、つまり「構造としての愛」と言えます。

要約

　宗教改革の神学は、教義、慣習、そして社会の強制から自由であることを促しています。不安から脱出することを可能にします。けれども、信仰、そして良心に基づく決断と、自ら責任をもつことを求めます。この神学は、礼拝において、聖書を読むことによって、そして祈りを通して、みことばを聴くことによって実践に移されます。霊性が別の形で現れるとしても、聖書のみ、キリストのみ、恩恵のみ、信仰のみが決定的であることを志向するでしょう。しかし、福音主義信仰は決して自分にとどまることはありません。むしろ、世界の中で働きます。人はみな、掃除をする僕も、国を治める君主も、共同体のための賜物を与えられ、課題をもっています。そのことは、隣人愛の実践を通して実現されます。こうした考えは、十六世紀ヨーロッパの宗教改革運動にその根があります。けれどもそれは、二十一世紀においても、世界中で今日的意義をもっているのです。

　最後に、私はマルティン・ルターがある語り手に与えた助言を守ることにしましょう。「堂々と登場し、口を開けて語り、時が来たら終わりなさい。」

　ご清聴、ありがとうございました。

注

1　Rainer Traub, Strafvollzug im Jenseits, in: Siegel Geschichte 4/2013, 23. 7. 13.

2　Martin Luther, Sendbrief vom Dolmetschen, in: Martin Luther, An den christlichen Adel deutscher Nation. Von der Freiheit eines Christenmenschen. Sendbrief vom Dolmetschen, hg. V. Ernst Kähler,

Stuttgart 2012, S. 142ff.; S. 149.

3　Martin Luther, Eine einfältige Weise zu beten, für einen guten Freund（1535）, in: Martin Luther Deutsch, Bd. 6, S. 205ff.; S. 211.

4　EKD Homepage Startseit > Glauben > Gebete > Luthers Morgensegen.〔訳注〕翻訳は、マルティン・ルター『小教理問答書』聖文舎、一九九〇年（三版）、二九～三〇頁による。

5　Vgl. Für Gottes Volk auf Erden, hg. v. Hans-Georg Link, Frankfurt, 1989.

6　Fulbert Steffensky, Die Schwachheit und die Kraft des Betens, in: Das Beten-Herzstück der Spiritualität, hrsg. v. VELKD, Hannover 2005, S. 9ff.; S. 12f.

7　Evangelische Spritualität, Gütersloh 1979, S. 10f.

8　Vgl., Fulbert Steffensky, Schwarzbrotspiritualität, Stuttgart 2005, S. 17f.

9　〔訳注〕マルティン・ルター、石原謙訳『新訳　キリスト者の自由・聖書への序言』岩波書店、二〇〇五年（一九五四年版）、一三頁。

10　〔訳注〕同書、四二頁。

11　〔訳注〕同書、四三～四四頁。

12　Max Scheler, Das Ressentiment im Aufbau der Moralen, Frankfurt a. M. 2004, 2. Aufl., S. 38/39.

13　Werner Elert, Morphologie des Luthertums, 2. Bd, München 1958 (Nachdruck von 1931), S. 410.

教会のなくてはならない徴《しるし》としてのディアコニア
——なぜディアコニアは存在するのか？

ウルリッヒ・リリエ

はじめに

敬愛する、キリストにある兄弟姉妹の皆さん。

前置きを語ることをどうかお許しください。春に日本を訪れることは本当に素晴らしいことです。とりわけ今はちょうど、皆さんの国ではたいへん喜ばしい季節である、桜の花の咲く時期です。冬は過ぎ去り、春がやって来ています。開花の波に乗って溢れ出す美しさを喜び祝います。桜の花は、日本に住むすべての人々のものです。男性、女性、高齢者、若者、貧困層、富裕層、教育を受けた者、教育を受けていない者、病気の者、健康な者、そしてもちろん、私たち外国人もまた、桜の花を喜ぶことへと招かれています。すべての人々が、この束の間の美しさによって心打たれるのです。

ドイツ再統一後、かつてのベルリンの壁に沿って、何千本もの日本の桜の樹が、日本の人々からの多大な寄付によって植えられました。毎年その花はドイツと日本の友好の素晴らしいシンボルであるとともに、その咲き誇る生命によって、かつての死の地帯が乗り越えられたことのシンボルとなっています。

桜の花は人の心に触れます。そこで、「なぜディアコニアは教会にとってなくてはならない重要なものであるのか」という問いについて私が考えたこと、数時間そして数日の間でも、毎年新たに人々をその違いを超えて結びつけることのできる、この桜の樹の美しさを喜ぶということから、説明を始めたいと思うのです。ドイツの代表的な神学者の一人であるフルベルト・シュテフェンスキーは、何らかの事柄についてその美しさを見いだすことは、それを真理とみなすことよりも信仰においてはむしろ重要である、と繰り返し強調しています。[*1]

そのようなわけで、教会においてディアコニアが不可欠であることを、次のように述べることから始めたいと思います。すなわち、ディアコニア的教会は、「美しい」教会であり、全世界がこれを喜ぶということです。詳しく説明してゆきましょう。

1　ドイツにおけるディアコニアとはどのようなものか?

ドイツにおける最大の社会福祉団体であるディアコニアの議長として、ある特別なディアコニアの背景についてお話しいたします。きわめて具体的な社会の現実が私の頭に浮かびます。ドイツにおいてディアコニアの施設は、長きにわたって多くの法律や義務を担う施設・組織であり続けてきました。場所によっては、それはもう一世紀にもわたるキリスト教・プロテスタントの伝統とみなされています。ドイツ東部の広範囲で、あるいはその他多くの大都市で、クリスチャンが少数派であるような地域があるとはいえ、人口のおよそ六一%、約五〇〇〇万人がクリスチャンであるとされています。[*2] その中で、ＥＫＤ（ドイツ福音主義教会連盟）に属するのは約二二六〇万人ですが、ディアコニア施設のない福音主義（プロテスタント）教会は、ドイツではそもそも考えられません。私たちが自己紹介をするならば、こうなるでしょう。「ディアコニアは福音主義（プロテスタント）教会の社会的責務です。そして、その使命はイエス・キリストへの信従における生きた隣人愛であり、独立した責務であり、偏りなく行われます。ディアコニアは人を、尊厳ある、かけがえのない存在として重んじ、自立した生活を営むことを支援するものです。」

ディアコニアに関する数字をいくつか並べてみたいと思います。たとえば、二八一〇〇か所の相談ステーションと緊急対応サービスがあります。養護施設、病院、相談センター、一五三〇〇〇人分の障がい者施設、一七一〇〇〇人分の高齢者施設があります。ディアコニアではさらに、約三三〇〇の自助グループの組織作りがなされ、七五〇〇〇〇人以上のボランティアたちが関わっています。その人の宗教的出自とは関係なく、すべての人間を尊厳あるかけがえのない存在として尊重し、自立的で自己決定できる生活を送ることを支援するものなのです。

これらの働きの財政は、税金、宝くじ（ロトの類）、寄付ならびに基金、そして教会税によって賄われています。これは、ドイツにおける特殊な政治的前提と関係があります。

なぜ私はこうしたことを語るのでしょうか。それは、私たちのディアコニアと教会の大きさを自慢するためではありません。お話しすることによって、私たちドイツからの代表団がどのような現状の中から来たのかを明瞭にするのではないかと思うからです。もし皆さんのうちのどなたかが、ドイツ人にとっては、「より多くの」ディアコニア、「すべての人」に向けての教会による社会事業を促進することは簡単なことではないのかと考えられるとしたら、それもわからないではありません。日本のように、キリスト教が多数派ではない社会にある小さな教会は、（ドイツとは）全く異なる問題を抱えています。（ドイツとは）異なるやり方で、皆さんの教会自身としてディアコニア的であることは、全く正しいことであり、そしてそれは自明のことです。しかしながら、教会がディアコニアの働きをなしているときにこそ、それはイエス・キリストの教会でありうるというのは、すべての教会に当てはまる事柄であると私は確信しています。具体的にどのような姿と形をとるかは、（社会的な）文脈によるのであり、それに合わせて組織と構造も移り変わります。しかし、隣人と弱者への奉仕であるディアコニアは、教会の本質的な特質として移り変わることのないものです。それは神の霊によるのであり、金銭と構造によっているのではないからです。

2　ディアコニアの論拠はどこにあるのか？——その聖書的根拠

聖書をひも解いていくことは、私たちの理解を深めるうえで助けとなります。ディアコニアの実践は、神のいつくしみの広大な地平に属する事柄であることをまず初めに考えてみたいと思います。そして次の段階として、「ディアコニア」の具体的な概念について取り扱いたいと思います。

いつくしみ深く、正しさ（正当性・権利・法）を創り出す神

キリスト者として私たちは、「天と地を創造された」神が被造物の呻きを聴いておられる（ローマ八・一九〜二三）ことを信じています。神はいつくしみ深い神であると同時に、正しさ（正当性・権利・法）の神でもあります。ご自身の民を憐れみ、「暴力に苦しむ者に正しさ（正当性・権利・法）を創られ」、そして「飢えている者にパンを与える方」（詩篇一四六・七）なのです。そこでは、神の正しさ（正当性・権利・法）と憐れみ、正義といつくしみは不可分な一体性を形成しています（出エジプト二一・一〜二三・一九を参照）。

聖書全体を通して、通奏低音（Basso Continuio）のように、広大な伝承が流れています。唯一の真の神とは、小さくされた者と貧しき者を憐れみ、やもめや孤児、権利を奪われた者と外国人を助ける神です。それに対して、力を濫用し、義を捻じ曲げ、神信仰を倒錯させてしまうイスラエル周辺地域の神々は、偶像としてその仮面を剝ぎ取られ、裁かれるのです（詩篇八二篇参照）。そして、時折無味乾燥に響いてくるヘブル語聖書（旧約聖書）の中の法文は、いつくしみに関しては、自発的な憐れみが全く問題となっていないということについて繰り返し注意を喚起させることとなります。そこで問題としているのは施しではなく、その地に生きる貧しい者に将来の展望を与える安息年のように、法的に守られた、調和ある構造です。あるいは、外国人について言うならば、彼らが法的に保護されることです。そして、それは個々人の善意による自発的な好意を拒絶するものではありません。それが実現するところ、そこには神が共に働いておられるのです。そして貧しい者の正当さ（権利・法）が保護されるところでは、常に共同体全体が利益を受けるのです。

イザヤ書（五八・七）は「飢えた者にあなたのパンを分け与え」と語ります。ヨハン・セバスチャン・バッハは、このテキストに劣らぬ質の曲を彼の同名のカンタータにつけ[*3]、ここに書かれているように、聖歌隊に歓呼の叫びを上げさせます。「そのとき、あなたの光が暁のように輝き出て、あなたの回復は速やかに起こる。あなたの義はあなたの前を進み、主の栄光があなたのしんがりとなる」（同八節）。

福音書で、隣人と貧しい者に対するこの愛の定旋律が取り入れられ、変奏されることとなります。このことは次のようにも言うことができるでしょう。「具体的な出会いによって、それは満たされる。人となった神、イエスは一人ひとりの人間と出会われる。神の愛は隣人愛の中でその輪郭を得る。信仰は希望であり、愛である。」

とりわけ福音書記者ルカは貧しき者の友である、と言えます。なぜならば、イエス・キリストの後に従う者たちは他者へと導かれるからです。そこでは規則違反は甘受され、社会的禁忌（タブー）は相対化されることとなります。当時のイスラエルにおける重要な規範原理であった、不浄さに対する恐れは、福音書で語られているイエスとの出会いに際しては何の役割も演じていません。イエスは、排除された者たちとともに飲み食いし、病の者を癒し、社会的な保護を奪われた者たちと親しく交わることを求め、ご自身のたとえの主要人物として、そうした人々を、たとえば、徴税人、物乞い、娼婦、持てるものを失った者らを取り上げられます。イエスは、信仰についての深い理解を体現しておられます。神への愛と人への愛は不可分に結びついているということ、そして神ご自身がこの愛の尺度であるということです。「あなたがたの父があわれみ深いように、あなたがたも、あわれみ深くなりなさい」（ルカ六・三六）。

私たちに使徒の働き〔使徒言行録〕も残してくれているルカは、エルサレムから当時の世界の中心であったローマに至るまでその地平を徐々に広げて行った原始キリスト教会を、いつくしみの教会共同体として記述しています。行動と構造において、最初の教会共同体はいつくしみ深いものなのです。そして使徒の働き〔使徒言行録〕（六・一―七）では、「奉仕者たち（ディアコノイ）」の召命について語られています。この人々は、何よりも貧しい人たちの世話をする者たちなのです。

ディアコニア――奉仕し、（現場の）ただ中へと出て行くこと

古代ギリシア語の単語ディアコニアは、何世紀にもわたる長い旅を経て、ドイツにおいて、福音主義（プロテスタント）教会の社会事業を指し示すものとなりました。ディアコニアとは、キリスト教の隣人愛の基礎に立つ、人々に対する奉仕となりました。十九世紀半ば、近代ディアコニアの創設者たちは、この古くからの聖書的洞察をドイツにおける、信仰に基づく大きな社会運動への出発点としました。いわゆる「内国伝道（Innere Mission）」です。そこでは、初期工業化期のドイツにおける大規模な社会的困窮、精神的にも物質的にも貧困が拡大していたことに対して包括的に関与することが重要とされたのでした。

統括団体のもと、当時ドイツのいたるところで、法的に独立した、保護・介護のための寮・施設・組織を伴った内国伝道団体が生まれました。ヨハン・ヴィーヘルン、フリードリッヒ・フォン・ボーデルシュヴィング、テオドール・フリードナーら著名な人たちが、ドイツのあちこちに病院、救貧院、女子友愛会、路上生活をする子どもと青少年のための家などを創設しました。何年も経て、第二次世界大戦後には、特に崩壊した戦後ドイツの人々の痛みに向かい合うための救援組織が創立されました。一九七五年には、内国伝道（Innere Mission）と救援組織（Hilfswerk）の両組織が合併します。以来、ドイツでは福音主義（プロテスタント）社会事業が取り上げられる際には、ディアコニアについて語られることとなりました。

組織設立の長い道のりの詳細については省略し、ここではむしろ「ディアコニア」という言葉そのものに集中したいと思います。この概念は、新約聖書の中でよく知られている「ディアコネイン」に関連するものであると推察されます。聖書の古い言葉は常に驚きに値します。「ディアコニア」という語は、元来は共同体における共同の食事に際しての具体的な食卓の奉仕を叙述しています。何世紀にもわたって、それはとりあえず「奉仕」という語で翻訳されてきました。キリスト教の隣人愛の土台に基づく、人々への奉仕です。その際には社会的弱者、すなわち、貧困者、高齢者、病者、ハンディキャップのある人々、危機にある人々に対する奉仕が常に重要となっています。そこでは私たちは再び食卓の奉仕につくことになるかもしれませんが、こうした人々は、具体的な意味においても、また同時に比喩的な意味においても「満たされ」なければならないのです。その人々のただ中にディアコニアの働きの領域が存在しているのです。その目標は、貧しい者そして困窮のうちにある者は満たされなければならない、というところにあります。

しかしながらそれだけでなく、ディアコニアという古い言葉には「奉仕」の意味以上のものが隠されていることに、さらなる期待が高まります。オーストラリアの神学者ジョン・コリンズはすでに一九九〇年代に、その点に注目していました。コリンズは、ディアコニアという語を「接続」もしくは「仲介」と訳すほうがふさわしいと論証しています。[*4] 古代ギリシア語の語根「Diak」は「～に向かって進む／～に取り組む」という動詞と関連があります。ディアコニアの義務を負っている人々は、ただ単に慈善的な奉仕者なのではありません。彼らは、伝令であり、接続係であり、代表者であり、出会いの可能性を創り出す者であり、架橋者でもあるのです。その位置づけは、何かと何かの間にあります。

ディアコニアがそもそもだれに対してその働きを担うのかということを考察するために、このことは興味深い出発点です。私は次のように問いかけたいと思います。ディアコニアがただ自らの信仰の地平の内にある人々に対してのみ関係しようとすると考えることで、はたして十分なことなのか、と。私はこれについて疑念を抱いています。というのは、次のことをもっと突きつめたいと思うからです。すなわち、神はただキリストであるだけでなく、人ともなられたということを、です。そして、人情やヒューマニティーによってではなく、ディアコニア的なイエス・キリストの教会であることの本質的な指標（メルクマール）というものは存在しないのでしょうか。

3　ディアコニアはだれに対して行われるのか？

ディアコニアは困窮のうちにある人々を助ける

この考えについてもまた、聖書の中に適切な根拠を見いだすことができます。世の裁きの「まぼろし」（マタイ二五・四〇以下）では、イエスの兄弟姉妹の最も小さい者たちとして、食事を必要とする飢えた者たち、手当てが必要な病者たち、訪問してくれる後見人を待つ囚人、避難所を必要とする外国人、故郷を追われた者たちが考えられています。そこで人々の振る舞いが評価されることになる尺度は普遍的なものです。人々が相互に助け合い、人が必要なものを他の人に与え、すべての人が――体もたましいも――満たされるところではどこでも、神の恩寵は見えるものとなり、「すべての人が救われる」（Ⅰテモテ二・四）ことが実際に起こるようになるのです。マタイは、教義的な尺度にまさる普遍的な尺度を私たちに要求しました。「あわれみ深い者は幸いです。その人たちはあわれみを受けるからです」（マタイ五・三〜五）。これを踏まえるならば、イエスがあわれみ深いサマリア人のたとえにおいて、まさに侮蔑されていた少数者であり、自分たちとは異なる宗教に属する者たちをあわれみの模範として中心に押し出した（ルカ一〇・二五〜三七）ことは、決して副次的なことではありません。

教会の社会事業であるディアコニアは、困窮の中にある人々を、キリスト教共同体の境界線でとどまることなく、その信仰や身分のいかんを問わず助けるものなのです（ガラテヤ六・一〇参照）。聖書の倫理的な論拠には、人間愛への一般的な人間的義務にも相応するものが見いだされます。それゆえに、連携相手をもったディアコニアは、自らの信仰告白（信条）あるいは宗教の境界線を越えた向こう側にもまた善き意志を想定することができるのです。

ディアコニアは人道的な構造を求める

聖書的に根拠づけられた、周囲に対する責任は、すでに説明したように、困窮のうちに苦しむ者に対しての個人的な援助に限定されるものではありません。聖書のテキストは、具体的な環境の中にある具体的な人々を見いだしているのです。社会的地位を有し、特別な行動が期待される社会的な役割を果たしているような人々によって任務と職務が果たされるのです。織物商の女性、ローマの百人隊長、収入役、漁師、天幕張職人……彼らはみな、彼らの行動と生活を形づくっているものについて（具体的に）叙述しうるような文脈の中に生きています。

個々の自治共同体、個々の社会は、それぞれが独自の規則を有しています。それらの諸規則は文化によって表現されます。単純に固定化されているものではなく、生成されてゆくものです。新約聖書の多くの箇所が、あらゆる（社会）構造、すべての役割、個々の地位、そしてよく知られているはずの諸規則と諸習慣についても、隣人愛の尺度のもとでその価値を再検討するように促しています。「安息日は人のために設けられたのです。人が安息日のために造られたのではありません」とイエスは言われました（マルコ二・二七）。あるいは、ぶどう園での労働者たちのたとえについて考えることもできるでしょう。イエスにおいて人となられた神の正義は、朝早くから働き始めた人にも、そして、私たちには知らされていない理由で午後になってやっと見つけられた人にも、同じ収入を実現します（マタイ二〇・一〜一六）。すべての人が一デナリを得て、すべての人が食べることができなければならないのです。すべての人が満たされなければならないのです。そして、すでにお話ししたように、原始キリスト教共同体は、社会的地位の向上には何の益もないお互いの新しい実践を確かめ合ったのでした。

ディアコニア的な「（現場の）ただ中に入っていくこと」、人々の正しさ（正当性・権利・法）を擁護することは、生活環境と社会的構造を人道的に形成することと関係するものです。愛と正義は確かに、社会構造において、また社会構造を通して実行されなければなりません。したがって、キリスト者は、自治共同体におけるのと同様に、教会共同体においても、政治的なディアコニア、すなわち連帯的な社会に貢献することが義務づけられています。信仰を働かせ、恩寵を与え、和解され公平なものとなった共同体のうちに生きることをなし得させる、聖霊を信じる信仰のうちに、ディアコニアはその根拠を有しているのです。

教会とディアコニアは、本質的に「世界へと」関わり、「信仰の家族」（ガラテヤ六・一〇）のうちに沈思し集中することなく、「世界の中で」その中心へと向かうことに責任をもって参与します。しかしこのことは、この聖書記事にもかかわらず、多くの人にとっては自明ではありません。というのは、聖書テキストの多くは、全体としての世界ではなく、神の民もしくは新約的に言えばイエスの後に従う者たちの共同体の立場、その共同体内の霊的集中を論じているからです。そこに徹底的に集中するがゆえに皆が自らの命を「友」に与えることさえもその準備があるヨハネの愛の共同体と同様に、コリント人への手紙第一、一二章のキリストの体としての教会についてのパウロのイメージは、まさにその例となっています。これらの聖書テキストから、繰り返し教会は、「対照的共同体（Kontrastgemeinschaft）」と描写されてきました。そこでの教会は、「世界へと」光を放ち、何らかのものを与えるという意味では「世の光」でありますが、しかし、自分たちに対する異議を唱えるすべての「世界の中に」入ってゆくのではありません。対応する聖書テキストにおいて表された霊的集中が、教会にとっても、またディアコニアの霊的特徴にとっても重要であるだけに、それらは聖書的証言を要約しているのです。核となる共同体への関係性はここでは自己確認に寄与しています。とりわけ実際に迫害下にあった時代においては、外部からの抑圧に耐え、加えて内部での不和によって共同体が危機にさらされないようにするためには、そのような自己確認は根本的に重要でした。

しかしながら「世界」は、人々が教会に避難しなければならないような危険な場所ではありません。様々な聖書箇所を通して、「世界」がむしろ神が働かれる独自の場所であることが見えてきます。コリント人への手紙第二、五章一九節には重要な一文があります。それはいささか扱いにくく響いてきますが、そのことを内に有しているのです。「すなわち、神はキリストにあって、この世をご自分と和解させ、背きの責任を人々に負わせず、和解のことばを私たちに委ねられました。」ここでパウロが語っているのは、ディアコニアを適切に理解するための中心的な意義についてです。ここでは、神が教会もしくはキリスト者をご自身と和解させたということでなく、「世界」について語られているのです。その世界とは（ギリシア語の）「ton kosmon」、つまり全宇宙です。

私はこの聖書箇所を真摯に受けとめたいのです。このみことばは、礼拝と牧会が教会の核となる活動であるとみなし、「世界」に関与することは後回しにするといった考えを克服するよう促しているのです。神が「世界」

をご自身と和解させたのならば、キリスト者は「世界」を、あらゆる世俗性の中で神ご自身と出会う場所として受け取ることになります。「あなたがたはわたしが空腹であったときに食べ物を与えた」（マタイ二五・三五以下）。

国家社会主義者（ナチス）らによって迫害され、一九四五年四月に処刑された有名なドイツの神学者ディートリッヒ・ボンヘッファーは、この考えをさらに推し進めました。イエス・キリストにおいて神が人となられたことを徹底して受けとめ、あらゆる神学思想の基礎である、としたのです。ボンヘッファーは自らの現実理解を以下のように基礎づけています。「神の現実は、私をこの世界の現実の全体の中へと引き入れることによって以外には開示されない。しかしながら私は、この世界の現実が神の現実によって担われ、受け入れられ、和解させられているのを見いだす。[*5]」

ディアコニア、教会共同体、信仰の関係を新たに綴り直す、これらのことを踏まえるならば、私たちはエキサイティングな領域へと導かれ、未知の視界が開かれるのです。ディアコニア的な教会とは、広がりのある教会です。「世界の中で」、人間への神のいつくしみのもとで、そのただ中に出て行くのです。

4　ディアコニアなくして教会なし

日本――見えざる困窮

今回の訪問旅行と講演に備えて、日本社会の現実についていくらかでも理解を深めようと思いました。人々がいかに生きることが困難になっていっているかということを読んで、驚きを隠せませんでした。今日、日本における六人に一人が貧困ライン以下で生活しています。ＯＥＣＤのある調査によれば、三〇のＯＥＣＤ諸国のうち、日本は、メキシコ、トルコ、そしてアメリカ合衆国に次いで、四番目に貧困率が高いということです。[*6]

住居がないということは、単に深刻な困窮のうちにあるというだけでなく、深刻な恥辱を被るということでもあります。住居の喪失は面目を失う結果となることを、東京のあるルポルタージュで読みました。それゆえ多くの人々が自分の困窮を、ばつの悪いものとして覆い隠してしまうのです。そうした人たちは、たとえ路上で生活することになったとしても、真っ当な市民であるという外見を保とうとします。朝日新聞は、こうした人々を「見えない人々」と名づけていました。

約六〇〇〇人のホームレスの人々が東京にはいて、日本全国では約三〇〇〇〇人に上ります。これらの人たちの生活は、日本には帰属する場所のない人はいないという社会理論と真っ向から矛盾するものです。全く驚きあきれることに、アンケート調査では人口の平均九〇%が自らは中流層に属していると応えているのです。日本国憲法第二十五条には次のようにあります。「すべて国民は、健康で文化的な最低限度の生活を営む権利を有する。」

東京の路上には物乞いを見かけることがないということを読みました。人々はプライドをもっており、女性は物乞いをするよりも、むしろ密かに売春を行うことを選択します。決して潤沢とはいえない生活保護への申請は恥であるとみなされます。私が読んだことはすべて、日本において貧困であることがどれほど凄惨であるかについて、非常に強い印象を与えました。というのは、（日本では）経済的困窮が並外れて大きな恥となるからです。ドイツでも社会的困窮の経験は恥と結びついています。それゆえに、たとえば、ドイツの高齢の貧困者はしばしば、法律上の請求権を有しているにもかかわらず、社会支援の相談をしないことがあります。

教会——見えないものを見る

ここに、私たちのキリスト者としての大きな課題があります。たとえ私たちが少数者であったとしても、です。というのは、私たちが異なる人間像を有しているからです。人間はその面目を失うことはありません。神の似姿であり、神の似姿をとどめているからです。そのことは私たちに、創造物語と、イエスが癒しと食卓の交わりにおいて困窮者とともにおられたことを思い起こさせます。私たちの神は人となり、貧しき者、弱い者、面目を失った者とご自身を同一のものとし、その運命は変わると語られました。それは「天国に」おいて初めてそうなるのではありません。マタイの福音書一一章五節が語るところによれば、「目の見えない者たちが見、足の不自由な者たちが歩き、ツァラアトに冒された者たちがきよめられ、耳の聞こえない者たちが聞き、死人たちが生き返り、貧しい者たちに福音が伝えられています」[*7]。神の国は私たちのただ中に存在しているのです。このことを知ることによって私たちは、託された宝、愛するキリストの兄弟姉妹を保護するのです。そして、この信仰は、どこに貧しい者がいるのかを見いださせます。キリスト者は、弱い者と貧しい者のうちに、神を見いだします。だれ一人として、見えない者となることはありません。神によって見つめられる者にとって、失われるべき面目などはありません。それは、私たちのあり方を、互いに深く交わるものへと変えてゆくのです。

ところで、ローマにおけるキリスト者もまた、少数者として生きていました。しかし彼らのあわれみ深さ、互いに愛し合う独特の仕方は、自分たちを超えて、光を放つこととなりました。二～三世紀のローマで路上に生きる人々についてテルトゥリアヌスは次のように語っています。「これまでと異なる新たな交わりが当時の同時代人の好奇心を呼び起こしていた。」

これは賜物であり、他の人の注意を喚起する新しい交わりを習得するという霊的な課題を提供しています。貧しい人たちの中で神と出会う者だけでなく、だれもが、その人生において、貧しくなり、病にかかり、助けを必要とするようになり、他の人に目を向けます。そして異なる仕方で行動するようになります。愛がその道筋を見いだすことを、喜びつつまた落ち着いて期待してよい、と私は確信しています。私たちはただ、役割と（社会的）構造が変えられ、他者へと、世界へと続く、その水路を開くだけでよいのです。神の愛があるところに、神の奉仕（礼拝 Gottesdienst）が、ディアコニアが、教会があるのです。世界はなんと美しく目に映ることでしょうか。

結び――ディアコニア―共生の喜び

私は桜の花の美しさを思い起こします。日本における花見の喜びは、それがたとえひと時の交わりであったとしても、社会的境界線を越えてゆくことを可能とします。神は愛であることを私たちが喜ぶことで、正しさ（正当性・権利・法）を創り出します。この愛が形をとるとき、どれだけの生きる喜びがあるのかに私たちは思いを馳せます。私たちは、この愛に形をとらせることに失敗していますし、それを繰り返しますが、常に新たな始まりがあることも知っています。そこにはまた特別な美しさがあるのです。おそらく、桜の花は、私たちに新しい始まりの力を思い起こさせてくれるでしょう。失敗や挫折を越えて、常に新たに始まり、すべての人々に向けて働きかける、全世界のキリスト者の美しい共同体に属していることを、私は嬉しく思っているのです。

それゆえにディアコニアは不可避なものです。それは、世界を美しい場所へとするものなのです。そして、フルベルト・シュテフェンスキーの言葉をもう一度繰り返しましょう。「何らかの事柄についてその美しさを見いだすことは、それを真理とみなすことよりも信仰においてはむしろ重要である。」

ありがとうございました。

注

1　Fulbert Steffensky, Meine liebste alte Dame: Die Bibel, Vortrag auf dem Deutschen Evangelischen Kirchentag in Stuttgart, 2015 を参照。

2　その他の宗教に属する人口割合——資料によれば二・五〜五・五％がイスラム。そのほか、二七万人が仏教徒、一二万人がヒンディー教徒、二〇万人がユダヤ教徒。そのほか、ヤジディ教徒、アラウィー派などの数多くの小さな宗教共同体がある。約１／３強の三四％が無宗教であるとしている。

3　出典は Johann Sebastian Bach, „Brich dem Hungrigen dein Brot", Kantate zum 1. Sonntag nach Trinitatis, (1726)、ヨハン・セバスチャン・バッハ「貧しきものにパンを裂き与えよ」三位一体主日後第一主日のためのカンターテ（一七二六年）。

4　Henk de Roest: Ko-Initiieren, Ko-Wahrnehmen und strukturell „dazwischen" sein, in: Eurich/Barth/Baumann/Wegner (Hgg.): Kirchen aktiv gegen Armut und Ausgrenzung. Theologische Grundlagen und praktische Ansätze für Diakonie und Gemeinde. Stuttgart 2011, S. 232ff. も参照のこと。

5　Dietrich Bonhoeffer, Ethik (DBW 6), München 1992, S. 40.

6　Deutsche Presseagentur, Die Lage wird schlimmer, Armut in Japan, in: Handelsblatt, 06. 01. 2015 を参照のこと。

7　たとえば、Hans-Peter Gensichen, www.befreiungstheologie.eu (Kirche der Armen?) 等を参照のこと。

現場から——コミュニティ形成に向けた組織作り

ヒッレ・リヒャーズ

はじめに

こんにちは。自己紹介を簡単にいたします。私は社会福祉士で、ファウンドレイザー（資金調達担当）をしております。ドイツ・プロテスタント教会ラインランド州教会のデュレン教会で非常勤で働いています。（スライドA）

この教会は、もともとカトリックの中心都市地域にありますが、非常に大きな共同体で、会員約二一〇〇〇名で、牧師が九名います。六〇〇名以上のボランティアと一八〇名の常勤職員が、たとえば、ディアコニア・ステーション、保育所、難民相談所、開放的な青少年施設、心理相談センター、債務相談センター、家族教育……、そしてまさに地域活動など、多くの社会的ディアコニアに従事しています。この教会で私は、一〇年前に「地域の発達」と「資金調達」という新しい課題を担う前は、一五年以上、様々な地区で地域活動に携わっていました。

私たちが、ドイツの教会にこれまでその確かな財政的基盤を提供してきた教会税をもっているにもかかわらず、あるいは、それをまさにもっているがゆえに、次の問いが一つの将来の重要な課題となっています。すなわち、将来的に、自発的かつ地域の福祉を志向する支援をどのように動機づけて、強化できるのか。

しかし、本日の私の講演テーマは、居住区域における地域活動です。このデュレン教会で自明なことは、「普通の」教会の働きが、収入が低く負債のある人たち、とりわけ劣悪で狭い住居環境や高い失業率を伴う「困難な」区域の中で、さらに広がる希望喪失の中で生活している人たちには届いていないということです。

それゆえ、すでに八〇年代以降主要な部分は地方自治体や州による再出資を受けながら、全く多様な居住区域において、そこに住む人たちと共同して生活条件の改善に努め、また新たな希望ある展望のために備えました。その際、彼らとともに、新しく、適切で、できる限り自主的な市民社会の体制を組織しました。

その際に重要だったのは、地域住民たちと「とも

スライドA

に」変革を実現するよりも、彼らの「ために」手を尽くすことが少なくてすんだということです。

私は、「共同体づくりフォーラム」創設メンバーに所属しています（この組織には、大きな魚への不安がない、小さな魚の絵を使ったロゴ「FOCO」があります）。（スライドB）

私たちは九〇年代にこのフォーラムを創設しました。というのも、この（アメリカに由来する）態度や方法論から、よりわずかな提供（世話）で、むしろ、より活性化させる地域（コミュニティ）を志向する社会福祉活動のために非常に多くのことを学ぶことができるとの印象が私たちにはあったからです。

本日は、皆さんにそのことについての実践的な報告をしたいと思います。

1 彼らは今、何を期待しているのでしょうか？

A なぜ地域を主体とした活動が――まさに、教会とディアコニアの活動にとって――今日、ドイツにおいて非常

スライドB

に重要なのでしょうか？

Ｂ　何が地域志向型の方法において異なるのでしょうか？

Ｃ　その具体的なステップはどのようなものでしょうか？　そのことについて、私はスライドをお見せし、いくつかの出来事を説明いたします。

Ａ　なぜ地域を志向する活動が——まさに、教会とディアコニアの活動にとって——今日、ドイツにおいて非常に重要なのでしょうか？

ドイツにおいて教会とディアコニアは、目下、次のことが問われています。社会的な溝が増大し、都市社会が断片化され、市町村がその行動能力の限界に突き当たり、社会的葛藤が増加している時代に——というのも、ますます多くの人々が無力で、取り残されており、必要とされない存在と感じているからですが——このような時代に、いかにして私たちは自らの可能性を通して、教会そしてディアコニアとして信頼のある、そして価値ある仕方で貢献できるのか？　そして、いかにして私たちは、教会であることができ、そしてこの緊急かつ必要不可欠な転換プロセスを、より多くの包括的な社会に向けて一緒に形成していくことができるのか？

それゆえ、とりわけドイツのディアコニアも、「地域志向の活動／地域志向のディアコニア」を、二〇一五年／二〇一六年の年間テーマとして宣言しました（http://www.wirsindnachbarn-alle.de/）。特に支援される四つのモデル地域が選ばれました。そしてすべての人が、このホームページが教会とディアコニアによる実践的で地域を志向する活動にとって素晴らしいアイデアの「広場」になるために、このホームページに参加するように招かれています。

同様に、エキュメニカルなプロジェクト「教会が都市を見いだす」(http://www.kirche-findet-stadt.de/)も、キリスト教会と社会福祉法人のディアコニアの共同行為のための聖書引用として「その町の平安を求める」(エレミヤ二九・七)を視野に入れながら、他の行為者たちとともに、都市や地域の幸福を実現することを求めています。

B 何が地域志向型の方法において異なるのでしょうか?

ディアコニアは、隣人に対する人道的な奉仕として理解されます。良きサマリア人の物語は、困窮の中にある人たちへの緊急なケアが、他の、一見、より重要に見えるあらゆる課題に優先されるべきことを明確にしています。そして、倫理的、宗教的な境界がその際に越えられることをも示しています!

ここに、まさにディアコニアにおいて、これまで特に宗教や文化に依存しないいわゆる弱者の「ための」ケアが重要であったということの基礎があります。

たとえこれらのことがいたるところで今後も重要になるとしても、また、要求されているインクルージョン(包括)の背景を前に、ディアコニアと教会において現在ひとつの発想の転換が起こっています。

居住区域における生活諸条件に対して、自己決定の様々な形態の余地が残されるところでは、いかにして〈他者の「ための」配慮ある支援〉から〈共同の行為〉へと向かうのでしょうか。なぜなら、そこが高齢者、障がい者、失業者、病人、また、若者たちや家族が主に生活する重要な場所だからです。

私たちは、いかにしてその人間全体を、その人の支援の必要性だけでなく、その人の経験や特別な才能、関心、資源によっても、よりはっきりと見ることができるのでしょうか。

私たちは、最低の生活条件で生きなければならない人たち、あるいは高齢者といった人たちが何を必要としているかを、どこから知るのでしょうか。

身体的あるいは精神的な苦しみを抱える人間は、自らの生をどのように感じ取るのでしょうか。

彼らの心配は何でしょうか。

彼らは何を問題として受けとめているのでしょうか。

変更されるべきことは何でしょうか。

そして、彼ら自身は、何かを変えるために、何を求め、何をなすことができるのでしょうか。

これらの問いは、特に好んで支援したいと思っている人の考えの変更を要求しています。

このことは、まさに難民支援においても実際に示されています。難民となっている人々が実際に助けを必要とするところで、非常に多くの人が活動しようとしています。その人たちは支援活動をしたいと思っているのでしょうか？　同じ目の高さで出会っているのでしょうか？

ある実践的な実験！

私が皆さんと一緒に一つの小さな実験をすることをお許しください。

どうぞ、席からお立ちください。（座ったままでも構いません。）

どうぞあなたの右手を上にあげ、そしてその広げた指で天井に一つの円を時計回りに描いてください。

あなたがさらに時計回りに円を「天井に描いている」間、ゆっくりとその手を下ろし、胸の高さで円を描いてください。

今でもなお時計回りに円を描いていますか？

違いますか？

何が起こりましたか？

あなたはその方向を変えましたか？

何が今起こっていますか？

あなたは次のことに気づいたはずです。

あなたが目の高さでその円を描くやいなや、その発想は変わるのです。

あなたはもはや下からではなく上から、描いた円を眺めています。

そしてそれによってその方向も変わるのです。

ただ、あなたが一つの他の発想を採用したという理由だけで！

比喩的な意味で言えば、もし私たちが下から、あるいは上から一つの問題を眺めるならば、何が正しいかをしばしば知ったかのように思えます。

もし私たちが、「同じ目の高さ」でだれかと語り合い、傾聴し、共に熟考するならば、新しい側面が現れ、私の見方もまた変えられ、おそらく共に新しい発想と新しい道が開かれることができるでしょう。

もし、私たちが教会として、地域に対して、そして区域に居住する人たちに対して自らを開き、そして、私たちが意図するように、支援を必要とする人たちを助けることができるという、私たちが自らの理念や見解に支配されないとき、まさに、これらのこと、つまり、新しい観点や発想が問題になってくるのです。

もし私たちが同じ目線での出会いを受け入れ、さらにその出会いを意識して仕組んで、傾聴することを求めるならば、私たちはすべての参加者が自分の持っているものを持ち寄る状況を「共同で」改善する一つの土台を作ることができます。

その結果、私たちは、他者の「ための」支援からよりいくつもの自己決定の行為に向けて、そして私たちの地域の中で関わりのある区域における他の文化的背景や他の宗教をもつ人たちや組織とともに、他者や活動する個々人と「一緒に」、共同の行為に向かっていくことができるのです。

C　実践的事例

その具体的なステップはどのようなものでしょうか？

ここで、ディアコニアのプロジェクトの事例を紹介しましょう。このプロジェクトでは、いつも専門の従事者がおり、彼らがこのプロセスを導き、同伴し、そしてコミュニティ組織化の進め方を引き合いに出しました。

もし私たちが、排除され、蔑まれ、周縁に追いやられていると感じた人たちの発想について何か見聞きしたいと思うなら、まず彼らのところへ行かなければなりません。

（グラフ―螺旋　第一ステップ。スライドC―1）

したがって、コミュニティ組織化の第一ステップは、一つの組織化された傾聴プロセスであり、そこで多くの個人

スライドC－1

的な対話がなされます。この対話を、専門職の組織指導員だけでなく、これまで訓練を受け、オープンな変革プロセスに関心をもつ、できるだけ多くの人々、居住区域のキーパーソンたちも導きます。これが組織化されます。（第一ステップ／スライドC—2）

ここに、皆さんは、建設的な対話をするよう訓練された人々も含む、隣人たちによる一つのグループを見ることができます。文書による発表に沿って、各回、約三〇分から四五分ぐらいです。

この人々が、どのようにこの居住区域での生活や自分の生活状況を感じ取っているのか、何を問題と思い、そして改善が必要であると思っているのか、何が自分の利害関係であるのか、そして自分のより良い生活へのビジョンがどのようなものであるのか、こういったことを聞くことが、その際、重要になります。

そうです。このような対話の中に、夢や個人史のための場所も一貫して確保されているべきです。

そしてこの対話において、尊敬と信頼に基づいた個人的なつながり（スライドD〔次頁〕）を構築するのも大切

スライドC－2

なことです。

このことは、同一の考えをもつことを意味していません！　むしろ、後に共同で行為するための、個人的で信頼に満ちた基盤を構築することが重要です。その結果、人は新しい同志を獲得することができます。

それゆえここでは、意見や評価を問いただすような、多肢選択問題のアンケートはありません。むしろ最も重要なのは、対話や出会いの場所で、新たなエネルギーと希望を芽生えさせるということです。（スライドＥ〔次頁〕）

それには、関心のある人たちが集まるということが不可欠です（そのためにドイツでは、立派で、多くの場合広々とした教会堂のスペースが居住区域に提供されています）。

神はどこにおられるのか？

皆さんは、有名なユダヤ人神学者のマルティン・ブーバーをご存じでしょう。

「神はどこにおられるのか？」との問いに対する彼

スライドD

Menschen verschiedener Kulturen und Hintergründe kommen bei einer Versammlung zusammen....
異なった文化や背景をもつ人々が一つの集会に集まる……

スライドE

Die Spirale des Organizings

共同体の組織化の螺旋

2. Schritt:
Recherche & Strategien entwickeln
Lösungsideen suchen, Nachforschungen machen, die Beteiligten, die die etwas könnten, ausmachen und Kräfteverhältnisse analysieren (Machtanalyse)

FOCO e.V.

Hille Richers

第２ステップ：調査と戦略を展開する解決の理念を探し、調査を行い、何かをなすことができる参加者を決め、もろもろの力関係を分析する（力の分析）

スライドF

の答えは、「神はどこにでもおられる」でも、「教会やシナゴーグで神は見いだされる」でもありませんでした。「関係の中に神は見いだされる」とブーバーは答えました。

私たちは、神を人間の中には見いだしません。人間と人間との「間に」神を見いだすのです。

もし、あなたと私が、お互いに良き信頼たりうる間柄にあるとするならば、神は来て、私たちの間を満たしてくださるのです。その結果、私たちはお互いに結ばれることはあっても分離されることがありません。

(Harold Kushner, "Living a Life that Matters," 2002 からの翻訳)

第二ステップは、人が集まるときに起こります。(グラフ―螺旋　第二ステップ。スライドF〈前頁〉)

そこで、言及されたテーマと諸問題が公にされ、評価されます(スライドG)。つまり、そこで、どの問題からまず共同で取りかかるのかが決定されます(それらは解決可能なものであるべきです!)。共同作業のための最初の申し合わせが行われ、その問題がどのように解決さ

スライドG

Beispiel für ein gemeinsames Problem:
Diese Fußgängerbrücke sollte ersatzlos abgerissen werden…..
ある共通の問題の例：この歩道橋は代替物なしに取り壊されるべきだった？

büro
Stadtteil
Malstatt
Gemeinwesenarbeit

スライドH

Die Spirale des Organizings

共同体の組織化の螺旋

3. Schritt:
Probleme lösen & Aktion: etwas zusammen tun, mit Spaß, Strategie und Taktik – und die **Probleme lösen** (in Selbsthilfe oder in Zusammenarbeit mit Politik und Verwaltung)

第３ステップ：問題の解決と行動：
何かを共同で行う、楽しみながら、戦略と戦術によってその問題を解決する（政策と運営による自助または協働において）

Hille Richers

FOCO e.V.

スライドＩ

れうるのかについての調査作業が始まります。

その際に重要なことは、不当に扱われている居住区域で特に大きく広がっている、「どうせ何も変えられるわけがない……」といった無力感を、具体的かつ新たな歩みと共同の行為によって、模範的に克服するということです。まさにここでの事例のように（スライドH〔前頁〕）。この重要な歩道橋——ある市街区の一つの区域を互いに結び、学童や高齢者にとって非常に意味のある歩道橋——は、代替物なしに取り壊されるべきだったでしょうか。

第三ステップは、共同の行動です。（グラフ—螺旋　第三ステップ。スライドI〔前頁〕）

この目的は、市会議において政治的な責任を担う人たちが、新たに決心をし、代用として利用できる橋を建設する資金を手に入れるようにすることにありました。（スライドJ〔次頁〕）

想像力に満ちた様々な行動によって、この市民からの提案の署名をたくさん集めることに成功しました。（スライドK〔次頁〕）

加えて、ほかのテーマ、たとえば衛生の改善のためにも共同の行動をしました。それは楽しかったし、実際に諸問題を解決し、その居住区域の相互の関係を強化しました。（スライドL〔次々頁〕）

最終的には、実際に新しい橋が架かったのです！（スライドM〔次々頁〕）

この貧しい市街区の住民たちは、政治家たちに釈明を求め、ついに新しい決議をもたらすに至ったのです。なぜでしょうか？

彼らは、活動を担う人たちや多様な組織、たとえば、諸教会（カトリックとプロテスタント）、モスク、そして、とても具体的で共通の要求を政治に対してもっていた、地域経済の代表者たちからなる、非常に幅広い同盟をつくることに成功したのです。この力が、あるいは、貧しい区域のもともと無力だった住人たちの「力」が、この

3 Schritt: Probleme lösen &Aktionen
第３ステップ：問題の解決と諸行動
LANDESHAUPTSTADT
SAARBRÜCKEN
unglaublich vielfältig
市街区の集会＋ゲストたち
Stadtteilversammlung + Gäste
AG 1
AG 2
AG 3
Malstatt
In einer öffentlichen Stadtteilversammlung (ca. 100 TN) werden die Anliegen aus den AGs vorgestellt und die Oberbürgermeisterin um Unterstützung gebeten: ある公共の市街区の集会（約 100 人の参加）では、諸活動グループの願望（関心事）が紹介され、市長にその支援の依頼がなされた。
Malstatt
gemeinsam stark

スライドJ

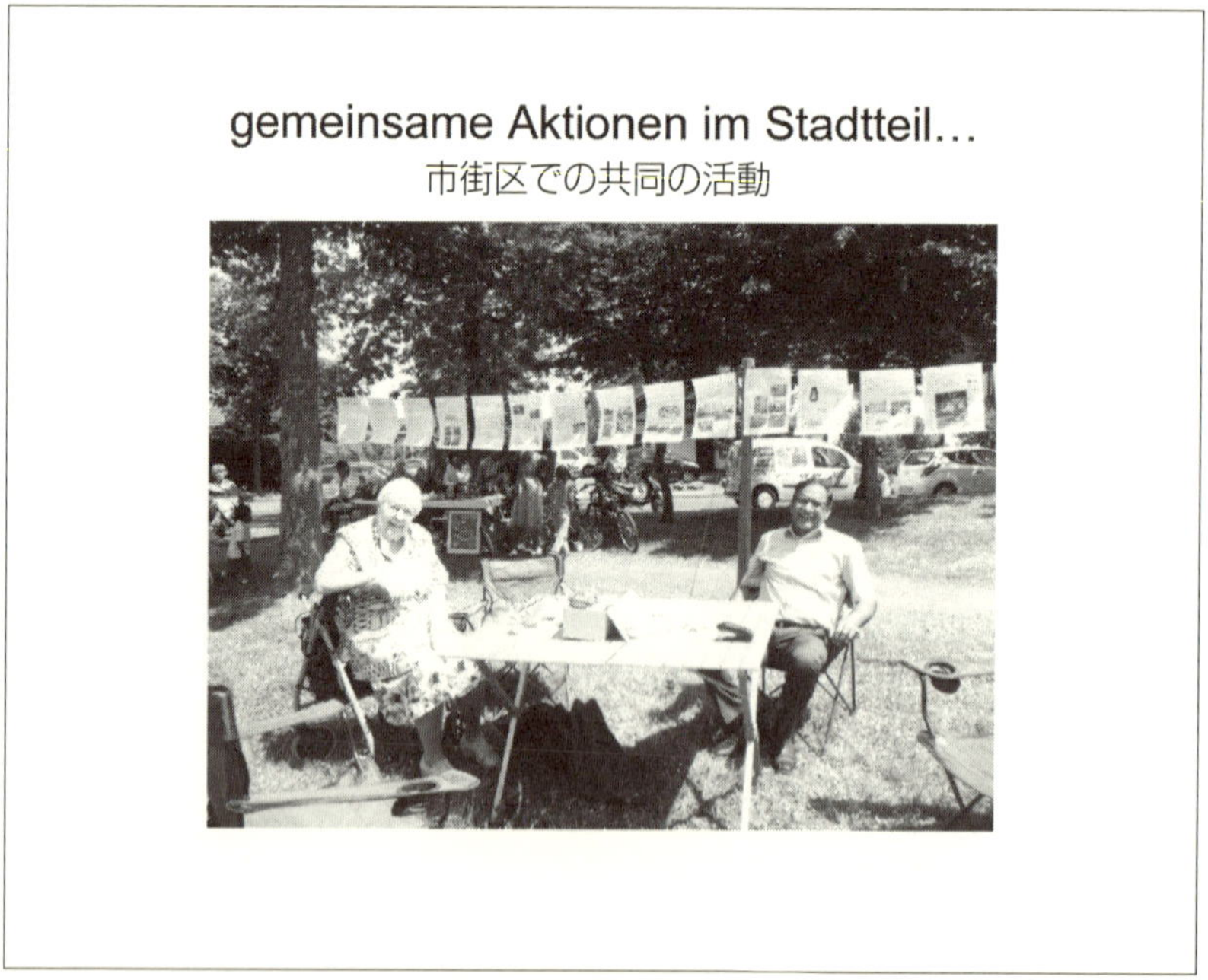
gemeinsame Aktionen im Stadtteil…
市街区での共同の活動

スライドK

gemeinsame Aktionen in Selbsthilfe

z.B. eine Aktionsgruppe „Sauberkeit“

自助による共同の活動
例・活動グループ「衛生」

スライドL

Geschafft:

es wurde eine neue Fußgängerbrücke gebaut…

やった：（ついにできた）
新しい歩道橋が造られた
……

スライドM

区域の人たちの生活の質を改善したとも言うことができます。

このことは、この人々にとって何を意味するのでしょうか？　実用的な新しい橋が架けられただけではありません。そうではありません。

人と人との間に、多くの新しい個人的なつながりが生まれました。希望は現実となりました。キリスト教の教会に一度も行ったことのないイスラム教徒たちが、キリスト教の会堂で開かれた集会に同席し、他の住居者たちと協働し、信頼が増していきました。その結果、共同の素晴らしいお祝いと様々な経験の分析の後、今、次の問題の解決へと共同で向かうことができました。

このためには、長期的かつ信頼に満ちた協働にふさわしい構造を創設することも必要です。（グラフ—螺旋　第四ステップ。スライドN〔次頁〕）

共同かつ有効に実践可能とするために、人々は互いに、それにふさわしい組織形態をつくりあげていかなければなりません。（スライドO〔次頁〕）

そして、異なる文化や異なる環境を背景とする人たちが共に働くことが大事になってくるとき、そしてそのことがまさに将来にとってますます重要になってくるのですが、共通の特徴として、安易に、教会あるいはディアコニアのシンボルを採用することはできません。むしろ、新しい共通の名前を考案することが、より良いことです。私の実践の事例にあるように、たとえば、「強い町内会」、あるいは「マールシュタット——共に強く」、あるいは「デュレン北部町内会代表」など。そこに、どれだけ多様な人々が市街区の協働のために集まったのかを見ることができます。（スライドP＋Q〔次々頁〕）

これらの事例すべてにおいて、教会員たちが、全く異なる組織や別の背景をもつ人たちとともに活動しています。自分たちの居住区域でのより良い生活のために行動すること、これこそが彼らを結びつけているのです。

Die Spirale des Organizings
共同体の組織化の螺旋
4. Schritt
Eine Organisation entwickeln, die längerfristig arbeiten kann:
Reflexion, passende Strukturen aufbauen für längerfristiges, wirkungsvolles Handeln
dann wieder
1. Schritt. Zuhören…
Zuhören - Recherche + Strategieentwicklung - gemeinsames Handeln + Aktionen - eine nachhaltig wirksame, demokratische Organisation aufbauen - zuhören - Recherche - …
第４ステップ：一つの組織が発展し、それが長期的な働きを可能にする：
長期的で効果的な行動のためにふさわしい構造を創設するよう反省する。
そして再び
第１ステップ　聴くこと……
www.fo-co.info
FOCO e.V.
スライドN

4. Schritt : eine passende Organisation entwickeln…
第４ステップ：協働にふさわしい組織を発展させる……
Stadtteilverein 市街区協会
Malstatt-gemeinsam stark
『マールシュタット―共に強く』
Interessenorganisation Malstatt
AG Kirchberg
Image-AG
2013年10月：市街区協会「マールシュタット―共に強く」の設立
Okt. 2013: Gründung des Stadtteilvereins „Malstatt – gemeinsam stark (MaGS)“ n.e.V.
スライドO

4.Schritt: die Zusammenarbeit mit den Partnern im Quartier festigen

第4ステップ：居住区のパートナーたちとの協働を強固なものにする

Aktionsbündnis
Malstatt
Soziale Stadt

Drei Gemeinden
ein Ursprung
eine Zukunft
St. Josef - St. Paulus - St. Antonius
Kath.Pfarrgemeinde St. Josef Saarbrücken

Stadtteilbüro Malstatt

Stadtteilverein
Malstatt-gemeinsam stark

Evangelisch im Saarland
Evangelische Kirchengemeinde Malstatt

ZAM
Zukunftsarbeit Molschd e.V.

スライドP

Zusammenarbeit von Menschen ganz verschiedener Kulturen und Milieus in einer <u>neuen</u> gemeinsamen Organisation unter Mitwirkung von Kirchengemeinden

aber mit <u>eigenem</u> Namen: „Stadtteilvertretung“ oder „Aktive Nachbarschaft“ oder „Malstatt- gemeinsam stark“ oder….

教会共同体の協力のもとに、新しい共同の組織における全く異なる文化や環境を背景とする人々が協働する。しかし〔自分たちの〕名前で：「市街区代表団」あるいは「活動する町内会」あるいは「マールシュタット―共に強く」……

Stadtteilvertretung Nord-Düren

スライドQ

私にとってこのことが、将来における教会とディアコニアの諸課題にとって希望と力に満ちたビジョンです。これをマーティン・ルーサー・キングは次のように表現しました。

・力は、正しく理解されるならば、何かに到達するための可能性である。力は、社会的、政治的、あるいは経済的な変革へと導くために必要とされる強さである。この意味において、力は、愛と正義の要求を実現するために期待されるだけでなく、むしろ必要とされるものでもある。

・歴史の最大の問題の一つは、愛と力の概念が全く対立するものとして対置されていることだ。愛は力の放棄と、力は愛の否定と同一視されている。

・私たちが必要とするものは、愛なき力は配慮に欠け、侮辱的であること、そして、力なき愛は感傷的で人を感動させる力に乏しいということについての認識である。力は、最良の意味において正義の要求を実現する愛である。正義は最良の意味において、愛の前に立ちはだかるすべてのものを変える愛である。

Martin Luther King, Jr., “Where Do We Go From Here?,” 1967.

ご清聴ありがとうございました。

スイス・アールガウ改革派州教会のディアコニア活動

クリストフ・ヴェーバー＝ベルク

〔シノッドとは、改革派の伝統の教会の最高行政機関の名称で、監督制教会の監督にあたる権威を集団でもつ。日本では「大会」と呼んでいる。〕

私の講演は次のような内容です。

1　最初に改革派州教会アールガウについていくつかご紹介します。これによって皆さんが私どもの教会について概観することができると思います。
2　次に私どもの教会規則でディアコニアの基礎が定められていますから、それを報告します。
3　私どもの教会は教会規則では、非常に明快に教会は上部からではなく、下部から組織されるとあります。ですから、私がこの報告で、各個教会におけるディアコニアについて語ることから始めるのはきわめて当然の事柄なのです。
4　この後、私たち州教会としてのディアコニアの働きについて紹介します。

5　私どもの地方ではHEKS――スイス・プロテスタント教会救援機関と密な協働を進めています。この機関は、州都であるアーラウに本拠地があります。

6　私どもがとりわけ誇りにしているのは、この州が、スイス連邦での社会奉仕に関わるディアコーン養成のためのドイツ語圏スイスの重要拠点であることです。

7　最後に、難民に関わる目下焦眉の要請について述べたいと思います。難民となった人々は、シリアやイラクの紛争地帯からヨーロッパへ、そしてスイスにも来ています。

1　アールガウ改革派州教会について

アールガウ州はスイス連邦を構成する二十六州の一つです。スイス連邦の州は自分たちの憲法、政府、法律などをもつ自治区で、たとえば教育、厚生福祉、そして教会も、連邦から自由です。

歴史的には、連邦を構成する州が結びつくという連邦制度のスイスモデルは、アメリカ合衆国のシステムに沿っています。明確な連邦主義のもとに、教会と国家との関係は

州によって大きな違いがあります。一方ではジュネーヴの教会のように私法の中に位置づけられている教会があり、他方ではヴォー（州都はローザンヌ）、ベルン、チューリヒなどのように国家と非常に緊密に結びついている教会もあります。そして私たちの地域の教会はその中間に位置するといってよいでしょう。つまり、国家からは完全に分離されていますが、それでも依然として、法的主権と税法上の主権を備えた公法上の法人格をもっているのです。

アールガウ州はスイス連邦の真ん中の北側にあり、ベルン、バーゼル、チューリヒ、ルツェルン州の間にあります。

私どもの複数の州教会は信仰告白の自由な教会です。ですから、私たちは法的拘束力のある信仰告白をもちません。これは信仰告白をもたないということではありません。私どもの教会法は、三位一体なる神、宗教改革、聖書、福音書の力と結びついています。州教会は、世界に広がる一つの公同教会を構成するという自己理解をもっています。一つの統一した信仰告白の代わりに、常に聖書によって、そして解放する力をもつ福音によって自分たちを改革するという要請があります。礼拝では、古代教会の信仰告白を組み込むことが可能ですし、比較的新しい信仰告白を、また各個教会が自分で整えた信仰告白を組み込むこともできます。

私どもの教会の歴史を概観しておきましょう。

ナポレオン時代に、それまでのスイスの封建的な枠組みは崩壊しました。それまでフランスの属国であったスイスが一七九九年に、ナポレオンによって占領され、私どもの地域のプロテスタント諸地方が教会常置委員会を暫定的に形成しました。

四年後にナポレオンは、四つの地域――ある所は地理的にも離れており、信仰告白も歴史も異なる特徴をもっていましたが――に分け、アールガウ州を創りました。私どもは、伝統的な改革派の一つの地方と伝統的なカトリックの三つの地方が合成された州なのです。

十九世紀に入って、一八二一年に教会総会が整えられ、一八六一年、近代スイスの設立後十三年で教会共同体が政治共同体と並行して、法的には自治で、公法上の法人となりました。

一八六六年には、最初の州教会の議会であるシノッドが招集されます。一八八五年には、州教会が公法上の法人として創設されて、国家から分離しました。

今日私どもの教会はスイス・プロテスタント連盟（SEK）に加盟し、連盟は目下、構造改革の中にあります。そのことによって、加盟教会は連盟的な構造の中で一つの教会的な一致へ導かれていくようになります。

私どもはアールガウ州の中で七十五の異なる教会が合同しており、そこには四〇〇人から数千人までの教会があります。州教会は総じて、一七五〇〇〇人の会員がいます。しかし毎年、教会から多くの人たちが離脱しています。この流れは、しばらく続くことでしょう。しかしこのことに私たちは落胆していません、その逆です。私たちは召されているのです。踏みとどまって、何のために私たちは立っているのか、すなわち、イエス・キリストがもたらした、私たちを解き放つ、良き福音の使信のために立っていることに、もっと自信をもって証しするようにと召されているのです。

私どもの教会は基本的に、手弁当の職員とボランティアによって担われています。確かな数はわかりませんが、四五〇〇人から五〇〇〇人はいるでしょう。

そして、約一五〇名の牧師と五〇名のディアコーンが任職されて、奉仕に当たっています。

洗礼、信仰告白、結婚式、埋葬式の数が示すのは、今日、高齢化社会であるということです。その一方で、そこから明らかなことは、若い世代が、自らが教会に結びついていると感じていないということです。一〇〇〇人が洗礼を受け、一五〇〇人が信仰告白をし、二五〇人が結婚式をあげ、一九〇〇人が埋葬されています。

私どもの州教会の仕事は、州教会の職務執行の働きです。五〇人の職員が三二部署に分かれ、年間予算はおよそ一千百万フランケン（＝一二億四〇二五万円。二〇一六年三月九日のレート）です。すべての各個教会の全予算は九千フランケン（＝一〇一億四七五〇万円）です。

2 ディアコニアの基礎

さて私どもの教会についての概略をご報告できたと思います。次に私たちの本来のテーマに移ります。ディアコニアです。けれども、ディアコニアの、私たちの教会にとっての意味を評価する背景を理解することも非常に重要です。私どもの教会規則は、ディアコニアについて私どもがこれをどのように考えているかを記しています。

三三条

一項　ディアコニアはすべての人に対する配慮であり、社会的責任である。それは、イエス・キリストのすべてを包括する愛に基づき、行いを通して聖書のことばを証しする。すべてのキリスト者はディアコニアへと召されている。

二項　このような対人的配慮には守秘義務を課す。

三項　各個教会は、ディアコニアの奉仕に責任をもつ人材に能力が与えられ、養成されることに配慮する。個々人やグループに寄り添うこと、自立した奉仕に携わるボランティアを支援すること。

四項　各個教会は、ディアコニアの奉仕のために可能性にしたがって社会奉仕に関わるディアコーンを任命する。

すべてのキリスト者がディアコニアへと召されているという指摘が、非常に重要です。私どもで、社会奉仕が任職されたものであるとしても、ディアコニアはだれかが代表者となってできるような課題ではないでしょう。福音はことばと行いのすべてを通して証しされるものです。ディアコニアはキリスト者の社会参加であり、それは個々人の信仰にのみ担われるものではなく、共に礼拝を祝い、祈っている共同体によって担われるものです。各個教会には、ディアコニアの奉仕を確保することが義務づけられています。相応の専門家を抱えることは、すべての教会にできることではありません。しかし可能性にしたがってそれをすべきなのです。三分の二の教会ではそうしています。

私どもの州教会のディアコーンは「任職された職」を引き受けています。各個教会の協働的指導枠の中で牧師と同等の位置に置かれています。牧師およびいわゆる長老（各個教会の教会を建てる役割の、どちらかといえば役所のような常任機関）と同様に、選挙・被選挙権のある教会の会員によって、四年の任期で選ばれます。このことが意味するのは、たとえば教会で衝突した場合でも簡単に免職されることはないということです。国民によって選ばれた公職の者は、職務機関の間に免職ということはありません。これはある面で大きな長所で、最高の知識と良心にしたがって福音のために立つことができます。このことは、今日のように難民問題で国民の一部が、また教会にあってもある人々が非常に感情的になって、分裂しているときには特に重要です。福音に基づいて難民のために確信をもって働いている人が、教会機関の代表者たちとは政治的に異なる考えをもっているからということで、簡単に免職されるべきではないのです。

同時にこの規範のもと、実際に問題が生じたときには、教会指導にも困難をもたらします。とはいえ、ディアコーンと牧師、あるいはディアコーン、牧師、ボランティアらと、機関構成員との間の問題は大変なものであっても、福音を語る務めとディアコニアの職とを同値することは、それまでのように十分に納得のいくものです。またボランティアらと協働する教会指導の形態も、私自身、非常に納得しています。今日私たちは、この形態の利点と欠点をしっかりと理解し、これを成長させるための基礎づくりをしようとしています。

3　各個教会のディアコニアの具体的課題について

ここで皆さんにもおそらくなじみのある二つの例を挙げます。古典的なディアコニアの課題である「同行」と「訪問」です。

「同行」は私どもの教会の一つのプログラムで、その中で一人の人の人生のある行程でボランティアの教会員によって行われます。ディアコーンは伝達者であり、自分自身が動くのは稀です。ボランティアはディアコーンによって権限を与えられ、自身も支えられます。たとえば、失業中の人の就活を支える、福祉を得ている人の住居探しを支える、などです。彼らは当事者といっしょに当局に行き、州機関あるいは負債の相談などに同行します。また、ひとり親の人をどう支えるかを組織化します。同行プログラムの意味や目的はいずれの場合も、当事者と常に同行するということではありません。当事者ができるだけ早く、自分の日常をひとりでやりこなすことができる地点へと導いていくことです。私どもはこのプログラムをこの数年間いくつかの進歩的な教会で行い、発展させた後、今は州全体のすべての教会に展開しようとしています。このプログラムの需要は、長い間行われていた訪問奉仕からは生まれてこなかったものでした。

「訪問奉仕」は、これまではどちらかといえば、年齢を重ねた人に関わることでした。たとえば、連れ合いと死別した後に孤独に追いやられている人に関わること。依頼人の中には、歳をとっているからということでなくて、家や部屋に閉じこもっている人もいます。精神的な問題、病気、体の不自由な方々です。私どもの教会の訪問奉仕はボランティアを育成し、彼らが依頼人と関わることができるように寄り添います。ボランティアたちは、専門家によってなされるたましいの看取りに関わることもあります。もし希望があり、また必要であれば、ディアコーンへの橋渡しをすることもあります。他のディアコニアの課題にも言えることですが、訪問奉仕は、あらゆる教派、あらゆる宗教の人たちがその対象です。

4　州教会のディアコニア

私どもの州教会は、自分のディアコニア機構を運営することはほとんどありません。これまで多くの機構を設立してきましたが、その多くを独立分離させてきました。例外は「家の庭」という二つの家だけです。そこは、特別の介護を要する女性たちのための家です。彼女たちの何人かは、精神病院を退院して、自立の生活に戻ってきました。ある人たちは軽い精神障がいがあるので、日常生活でいくらかの支援を必要としていますが、障がい者施設には入っていません。「家の庭」には住居がありますが、外から通っている人たちもいます。そこが営んでいる作業所は四十以上あり、仕事場もしっかりと守られています。家の庭にはまた、ショーウィンドウの設置された二つのお店があります。一つは「私の小さな世界」といって、ここの作業所でできた繊維製品や日用品が売られています。二つめは「上流階級」という中古衣料店で、中流や上流のお店で売られていたものです。中古衣料は良い品質で、流行のブランドやブティックの製品がきわめて買いやすい値段で販売されています。

さらにいくつかの公共機関が州教会の三つと結びついていますが、法的には独立しています。

1　たとえば、財団ディアコニアの「リーストコイン」は、社会奉仕に関わるディアコーンによって設立されましたが、そのディアコーンと牧師がそれぞれの収入の一％をこの財団に送って、お役所的でなく、必要なところに即座に援助をすることができるようにしました。実際にそのようにすることのできる人が多くいます。またこの財団へ定期的に、あるいは随時に寄付する人々もいますが、私もその一人です。

2　結婚・家族相談所は各地で組織されていますが、「母親と子ども援助」という財団も、州教会によって州全域に設立されました。援助している対象のほとんどは、経済的に困窮しているひとり親で、母親ばかりでなく父親も含みます。

3　休暇援助基金は、休暇を取れる状況にない人が、休みを取って出かけられるようにします。

4　ワクワクさせられる事柄があります。「気持ちの小包」です。これは食料、清掃用品、家事用品などを一つにして、必要な人へ送ります。小包の中身はというと、大型ショッピング街の買い物客に、品物を少し多めに買ってもらうようにし、お店の前でそれを集めたものです。たとえば一キロの米、一瓶のあぶら、チョコレート、石鹸等々です。これは非常にうまくいっているプログラムで、多くの人たちに共感を得ています。たくさんの各個教会がこのプログラムに参加しています。

州に存在する多くの施設は州教会によって設立され、それから自立しています。

1　一例をあげると、特別に介護が必要な男性を受け入れている家「満足」です。

2　財団法人「家畜小屋脇のまきば」は、障がいのある人々のためのグループホーム、シェアハウス、作業所、活動場所、療養教育学校などのある州の中でも最も大きな障がい者施設です。

3　今日一般的な養護施設はもともと、子どもの養育施設として設立されたものです。

4「ハーゼルナッツの林」病院のような依存症の人たちのための施設も、もとをたどれば教会のイニシアティヴに帰します。
5 また「女性の家アールガウ＝ソロトゥム」は、教会も加わって共同で設立しました。家庭内暴力から逃げなければいけない女性の避難場所となり、介護が必要な人には自分の家で暮らすことができるまでの場を提供します。
6「負債相談」もまた、教会と深い関係のある施設で、私たちはこの組織を特に誇りに思っています。
7「ケアチーム・アールガウ」は今日では防衛と救助組織に融合されていますが、これも州教会がイニシアティヴを取った組織でした。確かに次のように言わざるをえません。「州教会によって設立された、イニシアティヴが取られた」というのは、多くの場合こうです。牧師、ディアコーン、また教会活動をするボランティアが必要を発見し、関わり、そして良い意味で弱き者たちに対して、イエスの働きを引き継ぐ責任を負ったのです。そして、この人たちは教会に対しても、この問題は施設をつくって具体的に取り組むべきだと確信させました。そこから州教会のディアコニアの働きが始まり、後には独立して教会から分離することができたのです。自分たちの召しに基づいてディアコニアの証しをし、教会の刷新に寄与し、ときに社会的先駆者にもなるのは、常に人です。教会という組織ではなく、人々が刷新的なのです。このことは「家畜小屋脇のまきば」の設立者ヘルマン牧師に特に当てはまります。ヘルマン牧師は教会内だけでなく、州全体の中で障がい者と共にある仕事を開拓しましたが、特に障がいのある人とない人との間の同等性と同じ目線での出会いの先駆者と言えます。

クラウディア・バンディクセンも先駆的な人間です。彼女は私の前任の州教会議長で、現在バーゼルのミッション21の責任者ですが、その実行力のおかげで、州教会はアールガウ州の緩和ケアの領域で先駆的な働きをしました。重病者や死にゆく人たちに寄り添うことは、これまでも教会の中心的な課題でした。今日の医学的、社会的条件のもとでは、この領域での働きがますます求められています。人々の高齢化ばかりでなく、家族の絆も弱くなってきています。そうでなくても、家族が高齢者の面倒をみようとするときには、信じられないほどの負担が伴います。だいたい、死の前の三週間がもっとも厳しい時です。それまでどうにか介護を自分の日常に組み込むことができたとしても、このころにしばしば限界に達します。

ずいぶん前からですが、私どもの州教会は、牧会や保険の専門家やボランティアを、重病者や死にゆく人やその家族に対応できるように教育しています。様々な教育を受けることで、人は正しく反応し、介入し、家族を慰め支え、それとともに自分自身や自分の感情をも注意深く、丁寧に扱うことができるようになります。私たちは限られた方法で提供できることをしてきましたが、幸いなことに、今日ではローマ・カトリック教会がこのプロジェクトのパートナーになってくれました。その結果、一年中、同行が必要な人に対して短時間のうちに支援体制を組織する受付センターを創設できました。私たちが教育を提供した人たちはみな、仕事の質を高められるように、さらなる教育や指導を受けるよう義務づけられています。

5　州教会の重要なパートナーＨＥＫＳ

州教会の最も重要なパートナーの一つが「救援機関」です。ＨＥＫＳと省略して呼んでいますが、スイス・プロテスタント教会の救援機関です。ＨＥＫＳは州都アーラウに地域事務所を置き、州教会のディアコニア・プロジェクトとプログラムとの協定の枠内に組み入れられています。関係者全員に大きな利点となっていますが、ＨＥＫＳは当然のこと、より広い範囲から寄付を得ています。

１　ＨＥＫＳは、薬物依存者や様々な依存症の人々を援助し、また福祉受益者に住居を貸し、その日常生活に寄り添います。いつか再び自立することができることを目指してです。

２　特別重要なプログラムが亡命希望者のための法律相談です。ここで私たちが心がけているのは、法治国家の基本的なことが難民に対しても遵守されることです。裁判や異議申し立てでの成功率はおよそ七五％です。このことは、亡命希望者たちにだけ利益をもたらすというのではありません。他の同様な状況にある人たち、つまり、裁判での判例が後に、役所の実務に抗する状況にある人たちにも益となるのです。私どもの弁護士たちはしばしば、警報の役割が期待できるようなケースをわざわざ捜します。

３　非常にすばらしい企画が「新しい菜園」です。郊外にある家庭菜園でＨＥＫＳは難民援助のため、彼らとともに菜園を営んでいます。それを通じて、難民の人たちと私たち、また難民同士の忌憚のない交わりが、文化の壁を越えてなされています。難民の女性たちも自分の故郷の野菜や果物を植えることができますし、私たちの畑のもののことも知ることができます。余った野菜や果物は皆で分け合い、いっしょに食べたり、家に持ち帰ったりします。

４　スイス連邦には、身分証明書なしに入国している人たちもいます。「シュパガード体操」というのは、そうした人たちが医者を必要とするとき、子どもを学校へ送りたいときなどに始動を援助する場です。

５　「再生」と「ことばの橋」とは、外国語を話す移民たちを受け入れて、彼らに、官庁、保健機関というジャングルを通って行くのを助けます。

６　「訪問」は、社会福祉の扶助を受けている人たちの日常生活に日課を与え、意味のある営為を可能にし、ストレスを覚えている市民のために犬を連れ出したり、買い物をしたり、日常の細々とした活動に支援をします。

6　ディアコーンの教育施設

私どもの州教会でなされ、また支援していること、あるいはかつてはイニシアティヴを取っていたプログラムについて、そのすべてをここで説明することはできませんし、そうするつもりもありません。私どもの地方で、イエスの弱者や困窮者への配慮について、ディアコニアを通じての証しについて、皆さんにお示しできたらと願っています。私たちが行うことは本当に小さなことです。よくやったと褒めている時間はまったくありません。私どもが緊急にしなければならなかったにもかかわらず、できなかったことについては、もっと長く報告することができます。

私が喜びとすることは、州都アーラウにドイツ語圏スイスの社会奉仕に携わるディアコーンのためのもっとも重要な教育施設があることです。それは神学的ディアコニアゼミナール、略してＴＤＳです。この学校は私どもに属しているのではなく、自立しています。ですから、私は他の人の功績で自分を飾る気は毛頭ありません。とはいいながら、私どもは密に協働しており、人的結びつきも強く、私どもの教会の次世代のディアコーンの多くがこの学校の出身者です。もう一つ私どもが喜んでいるのは、ＴＤＳの教育が近年国家的承認を得ていることです。国家的な職業名は「共同体形成者、共同体形成」です。

7　難民に関わる目下焦眉の要請

最後に、難民危機の目下の要請について述べたいと思います。

亡命希望者のために、私どもは広範囲に経済負担をしている法律相談を受けていますが、それと並行して、カトリック教会と協働してブレームガルテンの連邦難民センターに二名の所員を送っています。また、カトリック教会や他の州教会といっしょに連邦受け入れセンターのたましいの看取りについても経済負担をしています。これらのプログラムはすでに長年にわたって行われており、これを継続することに議論の余地はありません。ヨーロッパへの難民の流れが加速していることで、彼らを収容する場所の需要が増大しています。

同時期に、昨年秋に連邦議会選挙を意識した選挙がありました。難民政策は政治の多様性を示すことになり、特に右派の政党によって選挙戦の道具にされました。私どもの政府が状況を制御していたときでさえ、「難民による無秩序状態」について語られていたのです。右派による反難民の選挙戦レトリックは、よそ者に敵意をもつ我が国の多くの人々、不満をもち、それが潜在化あるいは顕在化している人たちの活動を容易にしてしまいました。彼らは勢いづき、人種差別をし、人を侮蔑する意見をソーシャル・メディアやインターネットのコメントで表明しました。右派政党ＳＶＰの地区の広報担当責任者は、道を間違えて上りつめ、こんな発言を公にしています。「黒人はアフリカで飢えるべきだ」と。このような発言が示すのは、そもそも表面下で、人間を侮蔑する考えが氷山のように育ってしまったということです。

このことは州教会の私たちに、超教派の精神においてカトリック教会と、また左派の傾向の政党、六〇の市民組織とともに抗議集会を組織させるきっかけとなりました。「礼儀のための蜂起」を標語とし、人種差別やよそ者への敵意に抗し、人道的な難民政策を求めたのです。私たちはもはや沈黙していることができない地点に到達したのです。

残念なことですが、私たちが享受しなければならなかったのは、このことによって、「政治的には右派でなければならないと思っている教会員」を失うだろうということでした。私もそれなりのメールや手紙をもらいました。自分たちを左派政党の選挙戦の道具にした、という私への非難でした。今日に至るまで私が確信しているのは、私たちのこの行動は正しかったということ、私たちはキリスト者として人種差別に抗して、キリストの教えに基づいた人道を求めて、抗議するために再び街頭に出て行くということです。多くの各個教会が、難民のために住居を提供したり、ドイツ語コース、出会いや仕事を提供したりすればするほど、私どもの教会への支えは広がり、明らかになっていきます。私どものディアコニアの活動は公に意見を表明します。来る六月に再び私たちは大きな公的活動を行います。難民日曜日には、州全体でカトリック教会の方々とともに、はっきり見える徴《しるし》を掲げます。

ディアコニアは行いを通じた福音の証しです。これは、ことばによる福音の証しが真実であることを公に示します。

ことばと行いによる証しの力は、みことばを聴くことから、共に礼拝を祝うことから、祈ることから生まれます。文化や言語の境界を越えて私たちはこの証しをごいっしょに分かち持ちましょう。私がここに参加させていただけることに感謝しています。こうした意味で、皆さんにご静聴いただいたことを感謝いたします。そして、それ以上に皆さんの友情と、皆さんとともにキリストにある兄弟姉妹であることを感謝いたします！

スイスの改革派教会でのディアコニア

シモン・ホーフシュテッター

親愛なる皆さま。

この教会協議会に招いてくださった関係者の方々に、心から感謝を申し上げます。クリストフ・ヴェーバー＝ベルク牧師とともに、日独教会協議会においてスイスの特性を紹介できますことを、たいへん喜ばしく思います。この協議会での成果とその感想とを持ち帰り、私が働いている二つの職場、スイス・プロテスタント教会連盟とベルン大学神学部に喜んでそれを生かすことを皆さんにお約束いたします。

はじめに

今日の「スイスの改革派教会でのディアコニア」についてご報告いたしますが、これはスイス・プロテスタント教会連盟に連なり、約二〇〇万人の教会員（スイスの人口の三〇％）を数えるスイス改革派教会のディアコニアの働きのことです。二六の所属教会のいくつかは宗教改革に直接に由来します。一方で、他の教会は一五〇〇年とまだ「若く」、スイス中央のカトリック教会地域を主とするディアスポラ教会として成立しました。

（ドイツ語圏スイスを主とする）教会のいくつかは、現在でも行政と強く結びついており、公的かつ法的な機関としての地位を保証されています。すなわち、教会は税金を徴収することが許されているのです。かたや（フランス語圏の西スイス地域を主とする）その他の教会は、フランスの政教分離のモデルにならい、――スポーツ団体や文化団体と同じような――一団体として運営されています。

これらすべてが改革派教会であるとしても、スイスという小さな地域でその歴史や社会において置かれた立場がそれぞれ異なるのは明らかです。

それでは、スイスでのディアコニアの働きが、隣国であるドイツと共通点があるのか、あるいはそれはどの程度明らかにできるのか、という皆さんが抱いておられる関心から始めたいと思います。スイスとドイツは似たような文化的な背景に立っており、またスイスの人口の三分の二はドイツ語を話していますので。ですから、スイスの状況の輪郭を明らかにすることを目的とするこの講演で、ドイツとスイスのディアコニアには共通点と相違点があることを示したいと思います。

私の講演の構成は、次のようなものです。

第一部では、今日の改革派教会の起源について検討したいと思います。ディアコニア・シスターと「里子制度」の二つの例は、今日のディアコニアを特徴づけるその独自性を示します。

第二部では、今日のスイス改革派教会の「ディアコニアの風景」を描き出したいと思います。そこでは、まず

1　ディアコニアの最も重要な活動領域を示します。

2　ディアコニアが、社会において政治的活動主体や市民活動と、どの程度、協働しているかを明らかにします。

3　二つの人員グループを挙げます（ディアコーンとボランティアです）。
4　そして、私たちに固有な行動の神学的な根拠を検討します。
第三部として、最後に、今後、ディアコニアが重要な意味をなすであろう国教会組織の将来的な展望についてお話しします。

第一部　今日の改革派教会のディアコニアの起源

1　近代のディアコニアの始まり——ディアコニア・シスター

今日、私たちが知っているディアコニアの起源は、ドイツと同じように十九世紀半ばの経済的な状況とディアコニア・シスターの創設に由来しています。このことはスイスの観点から、次のように述べることができます。当時、スイスには、西ヨーロッパのすべてを襲った経済的、社会的な混乱もありました。急激な人口増加と工業化は、新たな社会的問題を引き起こしました。人々は都市部で仕事を求め、伝統的な大家族を崩壊させたのです。確かな社会的基盤のない若い独身女性は、家族との結びつきを失いました。そして多くの場合、家族の構成員は、家にいる病人や高齢者たちを介護できなくなりました。家族の中の独身女性は工場で働かなくてはならなかったからです。

この時代、ドイツにおいてディアコニア・シスターが誕生しました。このディアコニア・シスターは、その時から、共同生活のかたわら、介護施設の創設に従事し、今日に至る公衆衛生と福利厚生の基盤を整えたのです。このディアコニアの家、いわばディアコニア・シスターの考えが、当初、ドイツで実行に移されましたが、その後、すぐにスイスにも共鳴を引き起こし、それに倣う者たちが現れました。最初に西スイス（一八四二年）で一か所、その後、ベルン（一八四四年）とチューリヒ／ノイミュンスター（一八五八年）で一か所ずつ、そしてバーゼルで二か所です。

その後、スイスのディアコニアの家は急速に活発となります。ディアコニア・シスターの数は増え、スイスの割合からして想像できないほどの数になりました。ベルンでは一八七四年には、八四人のディアコニッセが働いていましたが、最も数の多い時（一九三四年）には、一〇〇〇人を超えるディアコニア・シスターがいました。チューリヒでも一九四六年には五七五人ものディアコニア・シスターがいました。

このシスターたちは、ディアコニアの家が創設した様々な外部の施設を、スイス全体をカバーする組織で運営しました。当初、ごく小さな介護施設だったものが、巨大な社会組織、公衆衛生を担う一大コンツェルンへと変化したと言えるでしょう。

そこまでは、ディアコニアの家、ディアコニアの組織の成長は、ドイツの状況と広い範囲で並行して進みました。しかし、その成長は次のように異なった方向へと向かっていきます。

戦後になり、若い女性にとって独身であることは、必ずしも社会的なスティグマ（烙印）を押されるものではなくなりました。若い独身女性は医療施設以外でも仕事を見つけることができるので、ディアコニアの仕事の魅力は急激に落ち、ディアコニア・シスターの数も次第に減ってきました。数の減少とともに、彼女たちが担っている仕事の重要性も失われていきました。このことは、次のように簡単にまとめることができるでしょう。戦後全般にわたり、その仕事が公衆衛生と福利厚生の場における意味を社会の中で維持し続けることに成功したとはいえない、ということです。かつて、ディアコニアによって創設された様々な病院（または他の社会福祉施設）は、企業体となるか、あるいは一般企業に売却されてしまいました。今日では、二つのディアコニアのみが独自の病院を運営しています（ノイミュンスター・チューリヒとベトサダ・バーゼル）。

しかしながら、シスターによるディアコニアの働きは中断することがありませんでした。むしろ、その働きは教会の場に定着していったのです。ディアコニアの家が自分たちの施設以外の働きを始めるようになってから、すぐにでも看護を必要とする方々を受け入れるための「地域のシスター」の施設を展開するようになりました。この地域のシスターの機能は、次第にディアコニア・シスター以外の人たちが担うようになっていきます。さらに、地域のシスターを教会がだんだんと受け入れるようになったのです。すなわち、地域でのディアコニアの活動は、シスターたちによる働きから教会へと移っていきます。教会にとって、地域の在宅看護・援助を組織するなどの、地域の保健衛生を担う責任が大きくなったのです。

これまで述べた一つめの概観から、次のことを確認できます。スイスにおける近代のディアコニアの起源はドイツの状況と共通点があったとしても、とりわけ戦後において組織から離れ、教会の中で展開されました。すなわち、スイスにおけるディアコニアは、組織化されたディアコニアとは結びつかず（たとえば、「キリスト教社会福祉事業団」の統括組織は存在しません）、教会と結びついているのです。

2　最初の公的福祉政策の課題──里子制度

さらにまた、このような教会に根ざしたディアコニアの働きの基盤は、二つめの歴史的な概観を明らかにします。その際、いま一度、十九世紀半ばを振り返りたいと思います。かつて、経済的、社会的貧困を前にして、──当時、組織されたディアコニア・シスターの働き以外には──福祉政策を担う公の組織はまだ存在していませんでした。貧困を主とする困窮は増加し、地域社会の中で解決しなければなりませんでした。この関係から「里子制度」が生まれました。貧しい家族への公的な解決方法はかつては存在していなかったので、貧困に直面した子どもたち（または、母子家庭の子どもたちなど、当時の常識から見れば、人の道よりはずれたと見える状況に置かれた子どもたち）は、その家庭から離され、経済的に安定している家庭、多くの場合、農家の家庭に里子として送り出されたのです。

この制度に携わる教会の牧師たちは、当時、社会における唯一の専門家と見られていたため、彼らが適切だと考える農家の家庭への里子の割り当て作業を担い、さらに、送り出した子どもの生活を監督する仕事も担当しました。当然のことながら、牧師たちはこのような仕事のために専門的な訓練を受けた人間ではありませんでした。何人かは担うべき仕事を積極的に行いましたが、その一方で、担うべき仕事をわずかなことしか行わない人もいました。里子に出された子どもたちの健康状態に積極的に介入すべきであったにもかかわらず、それを見ないようにしていた者もいたのです。

一九八〇年代までに実際に行われたこの制度によって、他の家庭に移された「里子」として、一万人の青少年がいます。多くの場合、里子は下の階層の子どもとして扱われていたことを、今日、かつてそのような子どもだった人たちの多くが非難しています。彼、彼女らは寂しさに苦しみ、利用され、あるいは虐待もされていました。そのうえ、多くの場合、専門的な教育を受ける可能性も拒まれたので、生涯を通じて不安定な経済状況に置かれていました。

最近になり、スイス当局は複数の団体や教会とともに、この歴史の出来事を徹底的に検証しました。里子に出された子どもたちは多くの苦しみを受け、当時の基準に沿っても、苦境を改善するために必要なことが行われていなかったことを認めました。教会の側面から、私たちはこの作業に関わり、また現在も生存しており、助けを必要としている該当者のために献金を募るなど、連帯を示す活動を始めました。

この里子に出された子どもたちの政策に対して、指導を行う組織が欠けていたことは明らかです。子どもたちの割り当て、配置された場の監督などのあらゆる仕事が、教会、村や町の中で行われていました。そこで起きた過ちは、このような状況が引き起こしたのです。教会――またその牧師――は、自分が正しいと思うような行動をとりました。上部の組織からの条件や指示はありませんでした。このことは、教会の働きにも当てはまります。当時も、そして今日でも、スイス改革派教会のディアコニアの働きの特性の一つは、このように一つの場所や独自の教会に集中することです。教会は周囲の社会的、経済的な状況をよく知っており、自身のリソースを用いることができます。しかし、自身の教会の領域を超えるようなディアコニアの働きにとっては、とても弱い組織構成なのです。

この二つの歴史的な概観から、今日学べることは以下の二つです。

1　ディアコニアの業を実行する場は、ディアコニアの組織ではなく教会の中であった。

2　同様に、現在でもディアコニアは本質的に一つの教会においてなされ、改革派教会では、一つの教会を超えるような組織はわずかしか存在していない。

第二部　スイスのディアコニアの風景

1　ディアコニアの現場

続いて、教会はどのような現場においてディアコニアの業を行っているのかを考える際、スイスの視点から、三つの主要な領域について述べることができます。

健康と幸福（または高齢と介護）

日本やドイツ、スイスなどの先進国に共通している特徴は、住民の平均寿命が際立って長くなっていることです。高齢化、それに伴う介護の必要性の程度は、歴史的にこれまでに経験した規模ではありません。

専門的な介護職の方々が十分に行き届いているとしても、人口動態を見るならば高齢者への介護はその限界へと達するでしょう。専門的な介護職の不足ははっきりとしており、将来的に家族が介護を引き受けることができるかどうかわかりません。

私たちの教会は、高齢者に対する仕事の長い伝統を持っています。以前から、牧師やディアコーン（ディアコニアを担う、牧師、長老と並ぶ教会の職。通常、「執事」と訳す）たち、そしてボランディアらは高齢の方々を訪問し、その負担を担い、孤立しないように援助を行ってきました。多くの教会は、現在、介護職不足への新たなプロジェクトを起こし、地域の関係者たちを結び合わせ、専門的な介護職の仕事量を減らすと同時に、家族の負担も軽減する試みを行っています。

生活と仕事

非就業率が三％のみのスイスのような国で（日本と同じように低い水準）、生活保護と再就職の問題がディアコニアの仕事の重点であることは奇妙に聞こえるかもしれません。

スイスにおいても社会的な排除が増えている現象を、私たちは知っています。社会の中で低い階層に追いやられている人たちにとって、生活を安定させるのはとても難しく、その子どもたちもまた同じような境遇に置かれる危険があります。

教会が企画する多くのディアコニアのプロジェクトは、この問題に取り組み、他の社会的な援助機関が顧みない、問題を抱える若い人たちと接触しようとしています。彼、彼女らに職業訓練や短期就業の機会を提供することを通して、就職に必要な資格を紹介し、それにより、仕事上で自立できる能力を与えることを試みています。

教会は、専門的なスタッフ――通常はディアコーン――に対し、一対一の援助と懇切丁寧な相談の機会を実際に求めるので、この仕事において教会自身の持っているリソースを多く利用します。

移住と社会的な統合

西と中央ヨーロッパ全体にとって大きな挑戦である難民問題を鑑みれば、スイスにおいて、移住と社会的な統合は教会のディアコニアの重点の一つであると聞いても、だれも驚かないでしょう。難を逃れて来る人々が殺到するなかで、公的な機関だけが、満足のいく形で難民たちの宿泊とその世話を行き届かせるのは無理であることは明らかです。現在、国の援助が届かないところで、教会とその他の機関、または個人による奉仕によって、助けを求めている人たちに住居を提供し、世話をする取り組みを行っています。

衣食住を提供するというこの取り組みのほかに、教会では多くのボランディアたちが語学コースや自転車の乗り方の講習、またはサッカーの試合をするなどに積極的に取り組んでいます。それは、支援を必要とする難民の方々に少なくとも部分的な交流と移動の自由、そして出会いを提供するためです。多くの教会は公のディアコニアの中で、開かれた社会と避難して来た人々を保護する多くの取り組みに向けて尽力しています。

2　スイスの社会福祉制度におけるディアコニアの役割

これまで述べた三つの重点は、その時々において教会のディアコニアは行政や市民社会のパートナーと様々な協働関係の中でその仕事を実行してきたことを簡単に示しました。私たちは、この協働関係とその中のディアコニアの役割を三つのタイプに区別します。

最初に、ディアコニアはパイオニアの役割を担います。教会のディアコニアは人々の近くに存在し、その人々の不安と関心に敏感であるので、社会の新しい困難をいち早く察知し、それに反応する初めての存在になる場合が多いのです。さらに、スイスのディアコニアの特徴の一つは、ディアコニアが始めたプロジェクトが――それが機能した後に――行政や他の関係機関に渡されることです。先ほど述べた介護のプロジェクトは、このことに当てはまります。

二つめは、教会のディアコニアは補完的な役割として働きます。様々な方法で他の関係機関とネットワークを構築できるパートナーであると、自身を理解しています。あらゆるパートナーは独自の強みを生かし、それぞれの機関が自分だけではできないことを、協力することによって成し遂げられます。貧困に苛まれている人々への援助の取り組みにおいては、ディアコニアはその補完的な役割のあり方を通して、行政とともに働きます。

最後に、教会のディアコニアは代理者として働きます。とりわけ、行政機関が助けることができない、またはその援助が限界に達した際に、教会は他の機関の代理を務めます。現在、問題となっている難民を取り巻く状況では、そのような役割にあります。

パイオニアか補完的な役割か、または代理者かという、教会のディアコニアがどのように理解されるべきかは、求められている事柄によって、また個々の状況の中で決定されます。

3　ディアコニアの教会とその職――職務と関係者について

ドイツ福音主義教会連盟（ＥＫＤ）が強調しているように、ディアコニアが教会の必要不可欠の「生と存在を現すもの」であると主張するならば、それは教会のあらゆる生活と働きに結びついていなければなりません。しかし教会は、複雑な状況からの挑戦に立ち向かうことができる、援助を行うための教育を受けた専門職も必要とします。

改革派教会には、改革派の良き伝統であるディアコーンという職があります。しかし、この職務の具体的な内容に関して、スイスの改革派教会は一致しておらず、模索している状態です。このことについて、次のように説明できます。

ディアコーンの内容は、とりわけスイスの言語圏などによって相違しています。特に西スイスにあるカルヴァンを起源とする教会において、ディアコーンの職（diacre）は長い伝統を持ち——カルヴァンの職位に関する教義と一致していて——広い範囲で牧師の職位と同じです。つまり、通常、ディアコーンの職位は任職されるのです。スイスのドイツ語圏の教会においては、長い間、教会を助ける人がいました。このような人々は、その後にディアコーンの職へと任命されました。その場合、（同じ意味の言葉が二つ続いてしまいますが）「社会的なディアコーン」と呼ばれています。スイスにおいて「ディアコニア」という概念は、まだほとんど知られていないので、わかりやすくするためにそう呼ばれているのです。教会の様々な伝統に応じて、ドイツ語圏の教会の社会的ディアコーンたちは、任職されるか、委任されるか、またはそのどちらでもありません。

ディアコニアの仕事が本質的に個々の教会の中で行われる私たちの改革派教会では、ボランディティアの意味がとても重要になります。特に、スイスは「ボランティアの国」として知られています。様々な地域のサークルと多くの社会的な活動は、主にボランティアの人々によって担われています。この活動は、とりわけ教会においても示されます。スイスの教会は、約二〇万のボランティアが日々働いていると推測されます。教会はボランティアになりたい人々に活動の場所を与えています。しかし、活動に従事する人たちが多くいるということは、必ずしも長期間にわたって活動する人を保証できることとはいえません。教会はボランティア活動の変化に気づいています。教会において、ボランティアが積極的に働くのは当たり前ではなくなり、むしろ、（自身の人生の意味の獲得や、自身の満足のためなど）自分のためにそれを行っているのです。その人たちは自らが主体的に活動に加わろうとし、ボランティアとして参加するプロジェクトを自身で選びます。ですから、教会はボランティアの人たちのモチベーションを損なわないように工夫しなければなりません。そうでなければ、その人たちはすぐにどこかにいなくなり、自身がしたいボランティア活動を他のところで行うからです。

4　ディアコニアのわざの神学的基礎づけ

ここでは、ディアコニア、いわば援助の業に関する異なった神学的な根拠という観点から、スイスとドイツのディアコニアについてごく簡単にその輪郭を示したいと思います。

すでに述べたように、スイスにおけるディアコニアの役割は次第に重要になっていますが、社会的な業を行う優れた活動主体ではありません。その援助の業に関する神学的な根拠づけの観点から、その限界に関する意識は、ある種の謙虚さをもたらします。その場合、次のような立場が登場します。

ディアコニアの目的は、全世界のための神の意思を現実のものにすることにあり、その神の意思は、慈愛と義の証しにおいて、愛によって示された人々がその本質となるのです。この慈愛と義という意味における神の意思は、根本的に、宗教や世界観の違いに関わらず、すべての人々に実現できます。創造の神学の観点から、私たちは、隣人愛、慈愛の業と義への参与はキリスト教に特化したものではなく、人間の一般的な現象であると述べることができます。つまり、キリスト教徒は他の人たちより優れた助け手であるとは言えないのです。援助を行う他の動機とディアコニアを区別するかどうかは、二の次です。他の信仰を持つか、または宗教に距離を持っている人たち、キリスト教の背景を持たない人たちが、一般的な人道主義的な動機から社会的に参与することは良いことなのです。

宗教を超え、異なる人々と結ばれる控えめなこの立場によって、私たちはしばしばドイツの状況に混乱させられます。ドイツでは、ディアコニアにおいて、いわゆる「固有性問題」が議論されています。キリスト教の背景がある援助とそうでないものをどこの場において区別するのか、またどの程度それを区別するか、さらに他の立場とどのように質的な境界を設けるのかが議論されています。私たちはドイツのカイザーヴェルターの施設長の立場に直面したことがあります。彼は「公的な施設は傷を治療し、私たちはそれを癒す」と述べています。

私たちはこのような立場のことを聞くと、いささか戸惑いを覚えます。そして、この立場は固すぎると思ってしまうのです。このような立場の起源は、神学的な考察から生まれたものとは思えず、むしろ、政治的な駆け引きの中で動機づけられたものだと考えます。ディアコニアはドイツにおいて「自由な福祉事業」の団体として以前から特権的な地位を持っており、それゆえにこの地位をまた神学的に背景づけることをおそらく時として試みるのです。

援助を行う様々な人々に囲まれているスイスのディアコニアの状況を念頭に置くと、次のように言うことができます。ドイツの立場、すなわちディアコニアにとって最も本質的なことが、他の理由をもって援助を行う形式と質的に差をつくるような立場は、私たちにとっては馴染みのないものだということです。

第三部　まとめ――社会のためのディアコニアが行う成果の意義について

スイスの改革派教会でも、（西ヨーロッパでの）個人化と世俗化という波から無傷ではいられず、教会員を失っています。連邦に広がる改革派教会では、三〇％の人口が教会員である一方、都市の中心では時としてさらに少ない数になります。教会員の減少と、行政と教会との強い伝統的な結びつきが問題となっています。

この強い結びつきの一つの要素は、スイスの多くの州にある、教会税を払う法的な人材の施設です。つまり、教会税は（教会の役に立つために）教会に属する個々の人々だけではなく、望むか望まないかに関わらず、企業によっても払われます。いくつかの州で教会は企業からの税金も、好きなように使うことができます。他の州ではその使い道が決まっています。つまり、企業からの税金は、社会的、文化的な目的、本質的にはディアコニアのためにだけ用いられることが許されるということです。住民投票では、この教会のための企業からの税金を完全に廃止するかどうかが議論になりました。興味深いことに、全国で同じような結果になりました。住民の大多数がこれを維持することに賛成したのです。このことに関する世論調査では、これを維持する本質的な動機は、住民が教会の社会的な成果を高く評しているところにあるということが明らかになりました。「組織としての教会は私には重要ではありません。しかし、社会の弱さのための教会の働きを評価します。そして、企業もまたこれに寄与することを望みます。」

つまり私たちの教会において、教会離れと信仰の個人主義化が進む条件の下にあっても、社会的な働きであるディアコニアは、教会を、教会とは縁のない人々に、そして社会全体に結びつける要素であることがわかります。

教会協議会会場からの特別あいさつ

金《キム》 秀男《スナム》

〔このたびの教会協議会は、会場・宿泊とも在日韓国ＹＭＣＡをお借りし、協力と支援のもとに、実りある時を得ることができました。〕

안녕하십니까（アンニョンハシムニカ）？　こんにちは。
ご紹介にあずかりました在日本韓国ＹＭＣＡの総主事、金秀男と申します。

まずは、このたび宗教改革記念日独教会協議会が開催されましたこと、心よりお祝い申し上げます。また、このような大切で意義深い協議会の会場として、私ども在日本韓国ＹＭＣＡを用いてくださったことに加え、ごあいさつする機会をお与えくださったことに、改めて感謝を申し上げます。

在日本韓国ＹＭＣＡは、今から一一〇年前の一九〇六年、実質的にはすでに日本の植民地と化していた当時の朝鮮からの留学生数百名を対象に、ここ日本の首都である東京に設立されました。民族の危機的な状況下、祖国の独立と発展に寄与することを切望する若い青年たちに、日本語教育、寄宿舎提供、聖書研究をはじめ、研究発表やクラブ・サークル活動を援助しながら、同胞の学びと交わりの場としての役割を果たしつつ、キリスト教信仰に堅く立った指導者を育成輩出するという明確な目的を持って立てられた機関です。その証拠が、YMCA創立から二年後に、現存する最初の在日韓国人教会（現・在日大韓基督教会東京教会～現在北海道から沖縄まで一〇〇近い教会、伝道所を擁する在日大韓基督教会〔KCCJ〕という教団に発展）を生み出し、苦難の時代を、教会とともに世の光、地の塩としての働きを今日まで続けてきました。

また、一九一九年の三・一独立運動（万歳事件）の導火線として、韓国の近現代史、またアジアの独立運動史において高い評価を受けている二・八独立宣言運動が、まさにYMCAを舞台に実行されたということからも、その目的は明らかです。

一九四五年八月一五日、日本の敗戦により祖国の解放を迎えましたが、当時、強制連行、徴兵、徴用等で二〇〇万人を超える多くのコリアンが日本に居住していました。米ソをはじめとした東西冷戦の激化、そして決定的には、一九五〇年の「朝鮮戦争」による南北分断の固定化等、諸々の事由により帰国できずに日本に居住を余儀なくされた「在日コリアン」をも視野に、日本における最多住地域である大阪に設けられた関西韓国YMCAとともに、現在「和解」と「共生」をスローガンとして多彩な事業活動を展開しています。

協議会の期間中お時間がよろしければ、ぜひ一〇階にある二・八独立宣言資料室をご見学くだされば、そのことをご理解いただけるものと存じます。

さて、二つの世界大戦を経験し、戦争の世紀といわれる二十世紀を経て、二十一世紀は平和の世紀にと願っていましたが、残念ながら、いまだに世界中で争い、葛藤がやまないどころか、世界中で外国人排斥、マイノリティへの差別がますます激しくなっているように感じるのは、私だけではないと思います。人権を守り、正義と公正を求め、「対立」から「和解」、「排除」から「共生」へと、平和の実現を使命として、在日本韓国YMCAは、在日コリアンをはじめ、年々その割合を伸ばしている在日外国人、そして社会的少数者、弱者とともに歩みつつ、世界平和を考えるうえで避けて通れない東北アジア、中東を視野に、「和解と共生」の働きをさらに拡げていきたいと願っております。祈りのうちにお覚えくだされば幸いです。

さて、なにぶん施設面をはじめ様々な面でご不便、ご迷惑をおかけしているのではないかと心配をしております。何かございましたら、スタッフのほうまでお申し出くだされば、誠心誠意対応いたします。

最後に、この協議会が主の豊かな導きのもと、すべてが守られ、祝福され、実り多いものとなりますようお祈り申し上げ、簡単ではございますが、感謝、歓迎、そして連帯のご挨拶に代えさせていただきます。

감사합니다（カムサハムニダ）．ありがとうございます。

Ⅲ　主にある交わり

日本福音ルーテル東京教会主日礼拝説教

マルゴット・ケースマン

聖書箇所　使徒の働き〔使徒言行録〕一六章九節以下

愛する教会の皆さん。

「マケドニアに渡って来て、私たちを助けてください」という呼びかけによって、キリスト教界のグローバリゼーションは始まります。それは最近話題になっているような現象ではなく、世界の人々のもとに届けられようとしているキリスト教信仰の特徴です。マルティン・ルターの宗教改革の思想は、確かに地域的に限定されたものでした。ハインツ・シリングはルターの伝記を次のように書いています。「この宗教改革者の世界像は、その死に至るまでヨーロッパ的なものであり、新しい世界について触れられることはなかった。」しかし宗教改革はヨーロッパの出来事でありながら、すぐに国際的な広がりを引き受けていくことになります。ドイツにおいても、日本においても、宗教改革二〇一七年はグローバル化して祝われる、と言ってしまってもよいでしょう。そこで次のようなことをはっきりさせることができます。教会にとどまらず、国家、社会、もちろん世界そして教会をも変化させ、そして今日に至るまで持続している多様な運動が重要である、ということです。

しかし今一度、その始まりから見てみましょう。使徒パウロは、エルサレムでの使徒たちとの対決において、すでに最初の障壁を決定的に打ち破っていました。イエス・キリストへの信仰は、ユダヤ人たちのみでなく、すべての人に対して開かれたことが示されるのです。それは、今日の私たちがそれ以上に正しいものを思いつくことができないほど、きわめて根源的なことでした。しかしイエスの死と復活の経験の後、最初の信仰共同体が形成されたとき、次のことが問題となりました。すなわち、ユダヤの信仰をもつ人々だけがこの運動に属するのか、それとも、神の良き知らせはすべての人にも有効なものなのか、ということです。イエスご自身がすでに、開放することに困難を感じておられました。けれども、当時ローマの属州であったシリアの女性が、新しい橋を架けました。イエスは、自分は「イスラエルの失われた羊」のもとにしか遣わされていないと応えられました。そのときこの女性は、小犬も主人の食卓から落ちるパンくずはいただきます、と言ったのです。この女性の信仰はイエスを感動させ、神はすべての人々のことを考えておられることを証しすることになります。

ペテロ〔ペトロ〕もまた似たようなプロセスを通ってゆくことになります。ペテロの場合、ローマの軍人がペテロに、ナザレのイエスの使信（メッセージ）がすべての人に対する救いと癒しであることを明らかにさせたのです。エルサレムでの使徒会議は、ついにパウロにすべての人々のもとでの無条件の（福音の）告知を許可します。そしてパウロは瞬く間に、イエスの使信（メッセージ）を広めていきます。パウロのいわゆる第一次伝道旅行は十五年、第二・第三次伝道旅行は約八年続くことになります。

パウロが進めたその途上で、若きテモテから同様のことを聴くこととなります。テモテは新しい世代を象徴する人物でした。彼の両親はユダヤとギリシアの血筋で、二人ともキリスト者であったようです。この出会いはパウロにとって、すべての労苦が実を結んだことを示すものであり、彼を勇気づけるものでした。なお幸いなことに、テモテはパウロに同行することになりました。人々は福音を聴き、信仰共同体は成長します。まさに喜ばしく、最も望ましい状況です。

しかしながら、突然大きな壁にぶつかります。実りを結ばなくなってしまったのです。いかなる道も閉ざされました。聖霊は彼らにみことばを語ることを禁じた、と聖書テキストは語ります。これは実に予想外のことであったと私は思います。聖霊は、みことばを語ることをなぜ力づけなかったのか、と。ところが、神の霊が働き、新しいことを始めさせることを、私たちは読むことになります。私たちの想像が偏狭すぎるのでしょうか。パウロは、そこではもう進捗はないことを経験しました。イエスの御霊が彼らに「それを許されなかった」からです。二人の宣教者はこの状況に、大きな失望を味わったことでしょう。

私たちはだれでも、人生の歩みの中でそのような袋小路があることを知っています。職を失って、もう将来への展望が見えないということがあります。どうやって先へ進めばよいのかわからなくなり、不安になることがあります。

あるいは、医師からガン宣告を受けるかもしれません。悪夢が現実となり、もはやどうやって計画を立てたらよいのかわからなくなり、あらゆることが不確実なものに思えてしまいます。

夫が妻に、「自分に新しいパートナーがいるから、別れてほしい」と言ってくるかもしれません。これまで描いてきた人生モデルは崩壊し、積み上げてきたもののすべて、家族、家庭が、根底から揺さぶられるのです。

こうしたことを経験したとき、将来の新しい道がすぐに見いだせるわけではありません。まず、これまでの人生計画が崩壊したことに真正面から向き合うことになります。唖然として、これからどうしてよいかわからなくなってしまいます。

周囲を見渡すと、そのような状況の中にある人たちが私たちの教会にもいることがわかります。何世紀にもわたって、ヨーロッパでは、人々が教会の一員であることは自明のことでした。礼拝が村や町での中心的な出来事でした。実のところ、教会に来ないと仲間はずれにされてしまうので、礼拝に出席していました。世界の中で、私の住む地域では、今やそれが全く様変わりしました。ルターが生まれ、洗礼を受け、そしてそこで最期を迎えることとなった街アイスレーベンでは、今日、ある一つの教会のメンバーとなっているのは住民の七％にすぎません。フランスでは、キリスト者が少数派になってしまいました。まさに途方に暮れる状況になってしまいました。人々はもはや神について問うことはないのでしょうか。神に関わる問題を話題とするために、私たちに何ができるのでしょうか。神の御霊は、働く代わりに沈黙しておられるのでしょうか。

ブレーキが効かないような、そして個人的な、また制度化された経験において、神の霊を思い浮かべることはむしろありません。けれども、私たちにすぐには理解できない、全く新しい視界を開くために、そうした袋小路に神は私たちを導いておられるということを、イエスの御霊は示しておられるのです。ひょっとすると、私たちが計画した道筋は、神のものとは異なっているかもしれません。

幻はパウロとテモテに、全く新たな道を開きました。イエス・キリストの福音をすべての民に告げ広めるということだけでなく、全く行くことのできなかった世界にまで、地中海を越えて大きな一歩を踏み出すこととなるのです。

愛する教会の皆さん。今日私たちは、ドイツにおいて、そしてもちろん世界で私たちの心をとらえている、地中海を越えてヨーロッパへとやって来る難民たちのことを考えないわけにはいきません。戦争、破壊と悲惨な状況から逃れて、平和な未来を求めて、彼らはヨーロッパへとやって来ます。そこで私たちヨーロッパ人は大きな戸惑いを覚え、正しい対応とは何なのかがわからないでいます。私たちの社会は、難民に対して避難所と支援を提供しようとする人たちと、外から来る者を締め出し、難民に対して野卑な言葉を吐き、脅す人たちとに分裂してしまっています。政治は、人々の困窮にどのように応じるべきかの構想を出していません。ミュンヘン中央駅に行き、食事と水、子どものためにおもちゃを渡し、歓迎の拍手をする人たちがいるだけです。けれどもそのとき、私たちが全く期待しなかった仕方で、連帯と自由の霊が吹きます。そして全世界の人々が同朋であること(Mitmenschlichkeit)の徴《しるし》に驚嘆するのです。確かに、ヨーロッパでは最近、明確な外国人嫌悪の姿勢が出現しています。けれども、私たちのヨーロッパ大陸を形づくっている、憐れみのキリスト教文化も、この地において見聞することができるのです。

　興味深いことに、パウロとテモテは難民としてヨーロッパにやって来たわけではありません。彼らは呼び出されて、来たのです。それは、霊的な援助者を呼ぶ声、生きるうえでの助けを求める声に応えたものです。キリスト教信仰こそがそうした必要を満たすという、神への信頼を求める声に、です。このイメージを私たち自身に当てはめるならば、聖書のテキストは全く新しい視野を示します。ヨーロッパは、新しい道を示してくれる、窮乏と援助を必要とする人々を有しているのです。ヨーロッパは豊かさを必要としています。そして、創造的な若い人々によって豊かになります。なぜなら、私たちには事態を新たにする力が不足しているからです。生きる喜びに満ちた文化を通して豊かになります。なぜなら、私たちは極度に偏狭になってしまいがちだからです。幸福と安全のうちに生きることを大切にする人々を通して、豊かになります。私たちが視野を変えるならば、地中海を越えてやって来る人々が、危険にさらされたり、私たちのことを悩ましたりすることなく、私たちは彼らが来ることを喜ぶことができるのです。

　しかし、そのように視野を変化させるのは容易なことではありません。私は、私自身が助けを必要とすることを、まず知らなければなりません。聖書の時代のように、今日、とりわけ信仰に対する視線は厳しくなってきています。パウロは、自分のヨーロッパ宣教が進んでゆくことを夢見ました。ところが、そこでもまた抵抗に遭い、彼によるイエス・キリストの証しは最後には命をもって代えなければならなくなりました。しかしながら、ヨーロッパで福音は急速に広がり、全世界へと向かいました。今日、キリスト者はこの地上で様々な国に生きています。東ヨーロッパでは、衰退しつつある信仰のために格闘しています。中国では、信仰共同体が成長していますが、シリア、イラク、スーダン、そしてその他の多くの国でキリスト者は迫害され、今日においても信仰のために自らの命を失うことになっています。日本においてはどうでしょうか。ここ日本では少数派の皆さんはどのように考えておられるのでしょうか。

パウロとテモテが経験したことは、私たちが今日においても同じように経験することです。私たちは、私たちの人生の中で、また私たちの信仰において、袋小路に陥ってしまっているように感じます。教会もまたそうです。新たな分岐点に立つとき、私たちは、不快感を覚え、恐れを抱き、不安にとりつかれて、心が動揺することがあります。けれども振り返るならば、神が聖霊によって道を閉ざすとき、私たちは新しい道を見いだすことがわかります。私たちが挫折し、あること断念をしなければならないとき、どこにも逃げ道がないという状況に陥るとき、それは新しい道が開かれ、自由になるためなのです。私たち一人ひとりの人生において、また私たちの教会においても、そして私たちが住んでいる国においても、そのことは当てはまります。ドイツ人とフランス人が今日のように大きな共通性と成長する共同体を共に喜ぶようになるまでには、両者の関係で多くの袋小路を味わってきました。

しかし、福音のメッセージは世界へと出て行き、私たちはドイツにおける二〇一七年宗教改革記念祭の準備にあたって、その年の主題「宗教改革と一つの世界」（二〇一六年のテーマ）のもとに祝います。マルティン・ルターは一度だけローマに行きましたが、それ以外はドイツの地を出ることはありませんでした。しかしながら、彼の「キリスト者の自由」と「信仰のみによる義認」についての洞察は、全世界の人々にとって意味のあるものとなりました。私たちは、国際的な信仰共同体として祝うことのできる宗教改革祝賀祭に向かって進んでゆきます。そしてそれを、閉じられたものとして祝うのではなく、エキュメニカルな地平で祝おうとしています。というのは、神の霊は自由の霊であり、愛の霊であり、正義の霊であり、そして和解の霊でもあるからです。私たちは、この霊の働きに常に新たに自らを委ねることができるように、神が私たちに豊かな祝福を与えられますように。アーメン。

日本福音ルーテル東京教会を訪ねて

マルゴット・ケースマン

ルター派教会の教育施設（ルーテル学院大学）の責任者に迎えに来ていただいた。東京には二〇のルター派の教会があり、日本全体では九〇人の牧師がいるという。向かう東京教会の関野和寛牧師には、彼が牧会しながら実践神学を学んでいた香港ですでにお会いしていた。関野牧師の言われるには、東京教会は一つの社会的焦点である場所に立っている。多くの韓国人や生存ギリギリに生きる多くの人々が生活している。旧会堂は二十年ほど前に、地震に耐え得ないとして取り壊された。新会堂は、多くの集会室、礼拝室、台所、カフェなどが備わっており、多機能だ。素晴らしいオルガンが備えられており、良いオルガニストがいる。

この教会は日曜日に九時、一〇時、一一時、一七時の四つの礼拝を行う。一〇時の礼拝は米国人の牧師により英語で行われる。私が説教した一一時の礼拝では教会堂は、礼拝者でいっぱいだった。礼拝式は伝統的なルター派のもので、訪問者であり説教者である私を歓迎するためだろうか、讃美歌「神はわがやぐら」も歌われた。使徒の働き〔使徒言行録〕一六章一～一〇節について説教した。説教は最初ドイツ語でということだったが、何人かはそのまま理解できるようなので、英語のほうがよいということになった。通訳者が言うには、多くの住民が避難せざるを得なかった熊本地方の地震の直後なので、「神はときに私たちを袋小路に導かれる」という聖書の見解はとても示唆に富む。礼拝の終わりに、若い女性が熊本で地震の間に経験したことを報告したが、声はかす

関野和寛牧師とともに

れ、やがて泣き出してしまった。

礼拝に続いて会食があった。ニュルンベルク・ソーセージ、ザウワークラウト、ドイツ製ビール、たいへん上等なドイツワインが十分に備えられていた。日本語版の「ルター二〇一七」の旗が飾ってある。

まず最初に、クラリネット奏者がドイツ古典音楽を演奏。それからワルトブルクやヴィッテンベルクの写真を使って、ルターに関するクイズが盛り上がりをみせた。クイズの問題は最近ルター関係の場所を訪れたという若い女性が出し、よく答えられていた。その後にピアニストとフルート奏者がバッハやブラームスの曲を演奏した。続いて関野牧師が宗教改革記念について私にインタビュー。また若者が私に用意した質問が続いた。全体の雰囲気はとてもテーマに沿っていて、楽しく開放的なもので、宗教改革記念の年への関心は高い。この交わりの午後は一六時で終了して、日独教会協議会参加者の李牧師が私に付き添ってくれて、東京の交通形態ジャングルを抜けて宿舎のＹＭＣＡたどり着いた。

まとめると、私にとってはとても活発なルター派教会の、尊い、良い印象が残る交わりであった。願わくは、教会にとっても、宗教改革祭二〇一七の刺激的な日曜日でありますように。

日本キリスト教会柏木教会主日礼拝説教

クリストフ・ヴェーバー＝ベルク

「私たちが神を愛したのではなく、神が私たちを愛してくださった。ここに愛があります。」

聖書箇所　イザヤ書一二章一～六節、ヨハネの手紙第一、四章七～一〇節

イエス・キリストにある兄弟姉妹の皆さん。本日、説教者としてお招きを受けた光栄を心より感謝申し上げます。西ヨーロッパからユーラシア大陸を越えてこの東アジアに参りましたが、志を同じくするキリスト者の兄弟姉妹に迎えられ、共に主を礼拝するという経験に深く感動しております。私個人にとりましては、世界がどれほど広いかということを知るとともに、私たち一人ひとりがいかに小さい者であるかを感じさせられています。また、神の愛とあわれみとがいかに大きく、そして私たち自身ができることなど、無に等しいのだという思いに駆られております。

私の国スイスと皆さんの国日本との間に存在する中東では、何百万人という人たちが戦争とテロリズムの犠牲となっており、自らの家と国を離れて難民となっています。そして、このような暴力行為を働く無謀な人々は、自らの暴力を宗教の名のもとに行っているのです。

これらのテロや暴力行為を働く人々は、キリスト者ではありません。しかしながら、これらの出来事を考えるときに、宗教という文脈において暴力が果たす役割を、とりわけキリスト教における暴力の問題を考えざるを得ないのです。

他方で、私たち自身を振り返って考えたとき、問題になるのは明らかに、身体的力を伴った端的な暴力だけではありません。言葉における暴力、個人的あるいは職業上の関係がもたらす暴力といったことも問題になるでしょう。とりわけキリスト者にとってはそうだと思います。

私が今日、このように延々と暴力に関して語り続けるのだろうかと心配する方がおられるかもしれませんが、どうぞ心配なさらないでください。私は今朝、むしろその暴力に対抗する最高の手段について語りたいと思っているからです。それは、愛です。

神と私たちの関係、私たちと私たちの隣人との関係、そして私たちの間の関係を語るうえで、愛は最も重要な事柄です。四つの福音書が、そして書簡が、明らかにその重要性を語っています。

本日、ヨハネの手紙第一、四章の七節から一一節までをお読みしたいと思います。

「愛する者たち。私たちは互いに愛し合いましょう。愛は神から出ているのです。愛がある者はみな神から生まれ、神を知っています。愛のない者は神を知りません。神は愛だからです。神はそのひとり子を世に遣わし、その方によって私たちにいのちを得させてくださいました。それによって神の愛が私たちに示されたのです。私たちが神を愛したのではなく、神が私たちを愛し、私たちの罪のために、宥めのささげ物としての御子を遣わされました。ここに愛があるのです。愛する者たち。神がこれほどまでに私たちを愛してくださったのなら、私たちもまた、互いに愛し合うべきです。」

このテキストで最も私の心を打つことが一つあります。それは、すべてのことは神の愛から始まっているということです。神と人間との関係について考えるとき、まず、すべては神の愛から始まったということです。端的に言えば、どうして私たちは隣人を愛することができるのか？　なぜなら、神がまず私たちを愛してくださったからなのです。また自分自身についても考えてみましょう。なぜ自分を愛せるのか？　神が私たちを愛してくださったからです。そしてその愛は、私たちが神を知るはるか以前から、私たちをとらえていたのです。

もう少し詳しくお話ししましょう。宗教はときとして、神との関係性を構築する人間の営み、あるいは霊的な悟りや救済に達するために行う人間の努力の総体と考えられます。また、宗教はときに、道徳の基礎となるもの、正しい生活の道しるべなどと考えられます。これは決して間違った考え方ではありません。しかし、宗教の本質の一つの側面をとらえているにすぎません。このことは、パウロが明らかにしようとしたことの一つですし、十六世紀の宗教改革者たちの教えの中核をなす事柄の一つです。罪の贖い、和解、義認、あるいは救いといったことは、人間の行為の結果もたらされるものではありません。これらはすべて、神の愛とあわれみから注ぎ出されるものなのです。

私たちはこの話を何度も説教などで聞かされています。ですから、あまりにも聞き慣れてしまって、これがいかにとてつもなくすばらしいことなのかを忘れているように思うのです。神が人間を愛さなくてもよい理由など巨万とあります。それは人間がときとして非常に頑固だというだけではありません。私たち自身のことを振り返ってもそうですし、聖書の物語も語るように、人間は自らの思いに従って歩もうとするものだからです。神から離れ、神に逆らって歩もうとするものだからです。

私たちは、金の子牛の周りで舞い踊り、預言者の言葉に耳を貸さず、憎み合い、殺し合うのです。そして、挙げ句の果てに、神のひとり子イエス・キリストを、神ご自身を殺害するに至るのです。

通常ならば、これは関係性の絶対的、究極的な終わりを意味しないでしょうか。

この場合、答えは「否」です。主の十字架の日、受苦日の後にはイースターの主日がやってきます。そして五〇日後にはペンテコステがやってきます。神は死を征服されるのです。たとえ人間が神を殺したとしても。キリストは死からよみがえられるのです。

そして、自らの死の前夜に裏切った者たちにも、聖霊を注いでくださいました。なんと驚くべきことでしょう。「人が自分の友のためにいのちを捨てること、これよりも大きな愛はだれも持っていません」とヨハネの福音書が告げるとおりです（一五・一三）。

聖書はその全体が、神の終わることのない、そして断ち切ることのできない人間への愛について語っています。神は決してあきらめることがありません。たとえ人間が、いえ、私たちが神を殺した後でさえ、人間への愛をあきらめることがないのです。人間はあらゆる術を尽くして神の愛を打ち壊そうとしてきました。しかし打ち壊せたためしなどないのです。

神は、私たちが神を愛するはるか以前から私たちを愛しておられます。神は、私たちが神を信じるはるか前から、私たちを信じておられるのです。これほどの驚きがあるでしょうか。

私たちは、全く驚くべき、あり得ない事柄を信じています。そして説明することが不可能な事柄を語っています。このようなパラドックスが私たちキリスト者の信仰の核心なのです。まさに信仰の神秘です。

さて、ヨハネの手紙のテキストはこのように語っています。「愛する者たち。神がこれほどまでに私たちを愛してくださったのなら、私たちもまた、互いに愛し合うべきです。」

神を愛し、神を信じることは、神の愛への適切な応答です。神を愛し、神を信じることは、神の愛を手に入れる手段ではありません。それと全く逆です。

神は、ご自身の究極の愛に人間が応え、ご自分を愛する者となるように、まさに格闘されます。さらにその愛が全く無償で、そしてご自身のあわれみによってもたらされることを繰り返し私たちに告げられます。事実、私たちは神の愛を無償で手に入れるだけではありません。その愛は私たちを自由にするのです。

端的にいえば、宗教とは、ことにキリスト教という宗教は、神の恵みを手に入れるための人間の営みではないということです。むしろキリスト教信仰は、神の愛が私たちを自由にするその経験にほかなりません。

では、神の愛が私たちを自由にするとはどういう意味でしょうか。それは、私たちが何でも好きなようにできるということでしょうか。私たちが他人のことを考えなくてもよい、ということでしょうか。あるいは、自由ではない人々を、たとえば信仰をもたない人たちや、キリスト教徒でない人々のことを見下してもよいということでしょうか。

決してそうではありません。ここにもう一つのパラドックス、矛盾があります。神の愛のもとでは、他人をさばく者、自らのしたいことをする者は自由ではありません。そのような者たちは、自らの思いや欲望の奴隷なのです。何かを失うことを恐れ、自らの弱さと欠けへの恐れに支配されているのです。

真に自由な者は責任を取ることをいといません。自由な者は他者に敬意をもって関わります。自由な人間は、神から与えられた愛を他の人と分かち合うことに躊躇しません。神の愛はわずかしかないようなものではありません。神の愛は満ちあふれています。そしてこれを独占することなど、だれもできないのです。

神の愛にさらされ、神によって自由を与えられた者は、決して無節操な行動をとりません。神の愛と自由の賜物は、同時に、連帯と正義のわざに連なるよう、私たちを召し出します。キリスト者の生活の力の源は、神が、ご自分の愛を通して私たちの心のうちに植えてくださる内なる自由にほかなりません。ヨハネの手紙はこの点を明快に述べています。

「神はそのひとり子を世に遣わし、その方によって私たちにいのちを得させてくださいました。それによって神の愛が私たちに示されたのです。」

イエスは、自由な生き方とはどのようなものかを示されました。愛に生きること、正義に生きること、他者との連帯のうちに生きるとはどのようなことかを教えてくださいました。

さらにここで主は、二つのことを示してくださっています。第一に、妥協のない愛に生きることは、必ずしも成功した人生には見えないということです。そして第二に、愛は敵意にまさり、そしていのちは死よりも強いということです。

ある人たちにとって、妥協のない愛は武器よりも強力です。人の恐れと弱さとをあらわにします。武器が強力だと信じている人は、暴力を行使することで、自らが強いと感じたいのです。しかしながら、イエスの死とキリストの復活は私たちに一つのことを明らかに示しています。暴力が私たちにとっていかなる選択肢にもなり得ないということを明確に示しています。まことのいのちは、死と暴力に勝利された神に由来するのです。

ヨハネの手紙は、「神がこれほどまでに私たちを愛してくださったのなら、私たちもまた、互いに愛し合うべきです」と語ります。なぜかはわかりませんが、ときとしてこの箇所は私を悲しくさせます。聖書は実に明快です。しかしながら、私を含めてキリスト者はしばしば、あたかも愛がさほど重要ではないかのように振る舞うからです。

私たちは、永遠の真理を体得しているかのように振る舞い、語ります。そして、他人をさばき、心を閉ざし、自らの恐れを傲慢さと優越感によって覆い隠します。なぜでしょうか。正直に考えれば、私たちは自分自身をさえ愛することができないからではないでしょうか。ときとして、特にクリスチャンはありのままの自分を受け入れ、愛することができないからではないでしょうか。

しかしよく考えるべきです。神が私たちを愛してくださっています。不完全で欠けの多い私をそのままで愛してくださっているのです。調和に欠けた、罪人の私たちを。ですから、神が私を愛してくださるのに、自分を愛さない理由など存在するでしょうか。

自分を愛することとは、自己中心的なエゴイズムではありません。その全く反対です。神の愛に自分を開くならば、ありのままの自分を受け入れることができます。そして自分の弱さを隠す必要などなくなります。自分の恐れを、他人を攻撃したり自己中心的になったりすることで、埋め合わせる必要などないのです。

私たちは神のあふれる愛を、遠慮なく他の人たちに分け与えることができます。すべての人に十分行きわたるだけ、神の愛は存在します。愛はパラドックスです。分かち合えば、分かち合うほど、神の愛はその分、存在します。五つのパンと二匹の魚が五千人もの人を満たしたように。

どうすれば、キリスト者は真の人生を生きることができるでしょうか。それは愛によってのみ可能です。多文化、多宗教が共生する社会において、私たちはいかにして信頼される教会となりうるでしょうか。それは愛によってのみ可能です。もし許されるのであれば、この「愛のみ」を宗教改革の原理の一つとして掲げたいと思います。

ルター、ツヴィングリ、そしてカルヴァンから五〇〇年が経過しました。そして今、長老派であること、ルター派であること、福音主義教会の一員であること、またメソジストであること、あるいはカトリックであること、それらすべてを可能にするものは何でしょうか。それは愛にほかなりません。もし愛がなければ、たとえ私たちが自分がどのような教派に連なるものだと語ろうとも、キリスト者とは言えません。

教会は教派に分裂し、分かたれたキリストのからだとしてのあり方が続くかもしれません。しかし、神が復活の主において、憎悪と死に打ち勝つことによって示してくださった愛を通して、私たちは見えないながらも一つとされているのです。

私たちが神を愛したのではなく、神が私たちを愛して、私たちの罪を償ういけにえとして、御子をお遣わしになりました。ここに愛があります。アーメン。

在日大韓基督教会主日訪問の報告

ヒッレ・リヒャーズ

二〇一六年四月二四日の日曜日、菊地純子さんと私は、大阪へと飛ぶため早朝に羽田空港へ向かった。大阪からバスが私たちを運んだ先は京都で、これまで私にとっては一九九七年の地球温暖化防止京都会議（ＣＯＰ）を通してしか知らなかった街。京都は千年以上の歴史があり、一八六八年まで日本の首都であったとは知らなかった。

韓国人マイノリティーのキリスト教会がこんなに多く日本にあることは、日本人による韓国の植民地化の結果にさかのぼる。第二次世界大戦中は、日本政府がプロテスタント・キリスト教会を合同して一つにしたので、彼らは合同教会に属していた。戦後に少なくない教会がそうであったように、合同教会から離脱し、その後に自由な選択で日本キリスト教協議会の加盟教会となった。許伯基牧師は若く、活動的な牧師で、二〇一三年にドイツで直近の日独教会協議会が開催されたときには、派遣団の一人としてドイツを訪問された。そのことがあり、彼は今回の派遣団の一人を自分の教会に招くことに大きな関心をもった。自己紹介によれば、彼は、韓国から日本に強制移住させられた祖父母をもつ第三世代の移住者である。

日本のキリスト者はむしろ知識人の教会であるのに対して、韓国ではとりわけ貧しい者たちの教会であるということだ。とにかく、およそ三一％の韓国人がキリスト者であるという。今日においても彼の牧する教会では大部分は貧しい人々だが、裕福な人々も数多くいるということだ。この韓国人教会は京都南部教会という（www.kyotonambu.org）。南部教会は、複合施設としての教会堂と会員のための場所を使用しているが、建物は約二十年前に韓国人の住居地区に建設されたもので、印象に残る空間を擁する五階建てだ。

四十から五十人が参列した礼拝で私が感銘を受けたのは、長老が明確な司式の役割を果たしていたこと、喜びに満ちた讃美（ドイツと異なり、全員が起立して歌い、また歌詞はスクリーンに映し出された）、紫色の式服の力強い小さな合唱団だ。

礼拝後には一階下の階で、ボランティアの方々が用意された、おいしい韓国料理が備えられた。目立って多くの若者がいたが、その中には多くの学生がおり、許牧師が言うには、彼らがここで特に味わうことは、皆でいっしょに韓国料理を、気の許せる交わりの中で食べることだという。年を重ねた人々も多く食事を共にしていたが、昼食参加者は総じて礼拝出席者より多いようだ。牧師にとっては、こうした昼食の場は、交わりを求める人々への重要な教会の提供物なのだ。

短い休息の後で、会堂からは喜ばしいロック・ポップミュージックが響いた。バンドメンバー、特にドラマーの女性が本当に若いようで、許伯基牧師も自分のギターで共に演奏した。後になってはじめてわかったのは、若いヴォーカルは大学の教授であることだ。彼らは宗教歌の小さなコンサートをしたあとで、長い自由祈禱で締めた。

多くの新しい参加者も加わり、テーマに専門的な興味も持つ人もいるグループの前で、ドイツでの共同体を目指した、地域社会との協働の例について講演をすることができた。純子さんは通訳の際に参加者の体験に橋をかけるようにとたいへん努力された。講演後に、このような地域共同体との協働作業でキリスト者が果たす役割についてとか、ドイツに来ている多くの亡命者たちについて質問があった。そこで明らかになったことは、当該者と「共に」状況をよくする努力、彼らの「ため」にだけでなく、日本のあらゆる専門領域での努力も考えられていたことだ。最近は、社会福祉学を学ぶ学生を教える社会福祉士と、介護に携わる社会福祉士がこのことを裏書きしてくれた。後にわかったことは、この教会ではまさしく今、他の社会活動家との協働が議論されているテーマであるということだ。教会の関わりについて教会員と牧師とは相当考えが違っているようだ。

その後、教会所属のバスを許伯基牧師が運転して、私たちを市中に連れて行って京都市を案内してくれた。そこは明確な秩序で通りが走っており（東京とはなんと違うことだろう！）、多くの良く保存された歴史的建造物があった。鴨川の岸辺には多くの若者が座っており、音楽を奏でたり、暮れていく太陽やそうした雰囲気をただ楽しんでいた。この日の最後は韓国料理店で、素晴らしい韓国料理の特徴的なものを提供していただいた。

翌朝、地域の交わりの家である「希望の家」（社会福祉法人・カトリック京都司教区カリタス会　地域福祉センター希望の家）の所長で社会ソーシャルワーカーの前川修さんが、この家の成立の歴史を説明してくださる。歴史は六十年以上もさかのぼる。

日本の一九四五年以前の朝鮮半島の植民地化や、そこの市民たちに強制労働を強いた結果、当時この一帯は、とりわけ韓国人の日雇い労働者が簡易な家に、下水設備も整わないような状況の中で暮らしていた。住民たちは、他の人が喜んではしない仕事に携わっていた。たとえば皮革産業であるとか、畜殺業兼食肉販売などである。あるカトリックの修道士が、ここの問題の多い生活環境の中で、より良い医療、より良い子どもたちの教育のために働き始めた。このことから、長い間に様々な社会奉仕がこの地域でなされるようになる。

約二〇年前に京都市が、市の中心にあるこの地域を再開発のため更地にすることを迫ったときに、このソーシャルワーカーは他の人々といっしょに、今の住民たちが支払い可能な住居をここに建築することを目指した社会運動を行った。その際の中心の要求は、この地域を貧しい市民のために確保すること、地域を再構築すること、まさにこの地域に新しい価格の手ごろな住居を建てることだった。

この時の連帯の結びつきは成果を生み出し、ここに住んでいた住民は、この街の中心近くの地域に住み続けることができ、支払い可能な住居を手にすることができた。この動きのコンセプトには、地域が要請する地域センターをつくることが入っていて、そこを見学することができた。そこは多機能の空間の可能性があり、年を重ねた人の昼食の輪であるとか、ひょっと立ち寄るカフェであるとか、子どもの保育所であるとか、学びの機会もある。外国から来た労働者あるいは日本人と家庭を作った外国人女性とかに、この地方に独特の食事、とりわけ弁当をきちんと料理することなどの学びを提供する。語学コースと並んで、特に強調されているのは、両親がそれぞれ自分の母語で自分の子どもたちに話すことが、どれだけ子どもたちの成長に重要であるかということを共有することだ。おまけに、大きな部屋があり、祭りやスポーツなどのために、この地域のさまざまな組織が協働する。これらのすべては、「包括する」という考えのもとに行われる。このモットーのもとに「家」というコンセプトが理解できた。それは日本独特のなじみのあるもので、ドイツでも地域のお隣さんに対して、困難な地域で人々が教育、交わりの経験、包括〔訳注＝最近の英語の inclusiveness の訳語〕を得ることを探っている。たとえドイツとは異なり、人々はそんなにあらゆる国や文化から来ていないとしても、ここでは確かにそれぞれ異なった「生活文化」が出会っており、人は障がいがあっても、ない者たちと同じく扱われ、祭りにも同じく参加できるし、積極的に祭りを指導する役割も負うということが自覚的に確認されている。

この教会協議会で何が私を感動させただろうか。

これらの人たち、住民のたった一％しかいない少数者のキリスト教会に属しているこれらの活動する人々がどんなに彼らの信仰を精力的に生きているか、自分たちの行動で多くのことを動かしているかを知ることができたことだ。

彼らがキリスト者であるのは二〇〇年前の宣教師の活動に帰するという。それは当時とても批判的に見られたことだろう。しかし明らかなことは、日本のキリスト者がこの間にまったく固有の形と伝統を発達させてきたことだ。だから、今回礼拝で、自分も慣れている祈りや歌がドイツ語と日本語で語られ、歌われること、共に聖餐にあずかることは本当に「特別な経験」だ。私たちがあらゆる違いをもって、しかし同じような「建築現場」で働いていることに私は感動した。まったく明らかなことに、冷遇されている人、権利を侵害されている人を包括すること、様々な文化と伝統に育った人とともに生きることが課題となっており、市民社会の構造を作り上げることが課題となっていた。私たちはドイツで繰り返し、どうやったら亡命の動きに面して要請されていることに人々が関わることができるかと問われている。日本に来て目立っていたことは他の肌の色の人、あるいは他の文化をもった人が少ないことだ。会話の中でわかったことは、日本が国連の難民条約にそった亡命者を受け入れた数は恥ずかしいくらい少ないということだ。

協議会後に日本ファンドレイジング協会を訪ねて、その代表理事である鵜尾雅隆さんと話したところ、もう一度他の視線で日本社会を垣間見ることとなった。

日本ではむしろお互いに助け与える（家族や友人）の文化があるようだ。だから部外者への寄付はこれまでの日本ではそんなに広がっていなかった。アンケートでは日本人の三〇％が寄付をしていた（これはドイツの実績に相当する）実績があるのに、二〇一一年の東日本大震災では八〇％もの人が寄付をするか、自分で救助に向かった。寄付の多くはNGOが集め、自治体の役人に渡し、義援金が直接被害者に渡るようにする。これが伝統的な日本の被害援助らしい。国家がすべてを取り仕切る。しかし今回ははじめて、多くの義援金がNGOに宛てて送られ、彼らの独自の企画を支えた。これは支援金だ。これは今回の支援の調査研究の結果を反映している。日本人の中に、将来的な社会の再建、つまり人口移動、子どもの貧困、障がい者の社会参加、気候や災害から守ることなどは政府だけでは処理できない過大な要求であるという意識が芽生えたのだ。

社会にある課題をより良くこなすためには、ＮＧＯの働きは不可欠であり、それは国家の行動を補完する。だから自分の金と閑をかけて行動する人たちが増加する。そのとき彼らは人々とともにありたいという理由からよりは、理性的な見解から、そうする。なぜなら何か意味のあることに自ら携わりたいからだ。

今回の旅の最後に私は東京で神道の祭りである三社祭の証人となった。宿舎の周りの街の一角ではなく、広範囲で祝われて浅草にある浅草寺で終了した。見学中に学生を連れた都市計画の教授に出会った。この神輿《みこし》担ぎを彼はいっしょにしていた。大学がこの地域にあるから、若者は祭りをいっしょにしたのだ。私が理解したところでは、この行列を企画した人々が心がけていたことは、社会的な公正、地域の清掃と秩序だ。この祭りの役割は神道の神社をめぐることだという。「この伝統的で参加自由な祭りは私たちのテーマとどう関わるか」と問わずにはいられなかった。この協働の働きはこの地域で人々の幸せのためなのか？

日本聖公会阿佐ヶ谷聖ペテロ教会主日礼拝説教

クラウディア・オスタレク

三位一体なる神、創造主、キリスト、聖霊の御名において、アーメン。

親愛なる兄弟姉妹の皆さん。お招きを受けたことに感謝申し上げます。日本滞在中にこのようにお招きを受け、礼拝において説教させていただけることを光栄に思います。

イザヤ書五五章一〇節から一一節に記された神のみことばを聞きましょう。

「雨や雪は、天から降って、もとに戻らず、
地を潤して物を生えさせ、芽を出させて、
種蒔く人に種を与え、食べる人にパンを与える。
そのように、
わたしの口から出るわたしのことばも、
わたしのところに、空しく帰って来ることはない。
それは、わたしが望むことを成し遂げ、
わたしが言い送ったことを成功させる。」

兄弟姉妹の皆さん。イザヤのことばは私たちを奮い立たせます。

神の口から出たことばは、この世界のうちで働き、そして使命を果たして、神のもとに帰るのです。世界はこの神の働き（動き）のうちに融合されています。神のことばがこの世に働きかけることによって、何事かが起こるのです。神のことばが私たちの世界に触れることによって、何事かが起こるのです。大地は肥沃になり、種が生長し、やがてパンとなって私たちの口に入ります。何事かが起こることによって、神のことばは実現するのです。なんと力強く、ダイナミックで、そして私たちを安心させる、命に満ちたストーリーなのでしょう。

神のことばは空しく神のもとに帰らない、とはどのような意味でしょうか。私たちはこの問いに対する答えを聖書の中に、新約聖書と旧約聖書の中に見いだします。聖書に記された物語の中で、人々は生ける神のみことばへの信仰を証言します。キリスト教は書物の宗教です。聖書を通して、私たちは神のことばについて学びます。この聖なる書物はドアです。そのドアの向こうには、神の行為という壮大な景色が待ち受けているのです。

聖書は、過去も、そして現在も、私たちの世界に深い影響を与えています。三つのエピソードをお話ししたいと思います。

1　数週間前、私はインドネシアにいました。ジャカルタのキリスト教系の大学の教室で、新約聖書の上に置かれたクリスマスツリーを見ました。なんとクリエイティブな聖書の扱い方でしょう。毎日授業が行われる、そのような日常のただ中に置かれた一つの芸術作品ともいえましょう。この教室で勉強する学生たちが、クリスマスツリーについて、どのようなことを考えるだろうかと想像してみました。たくさんの異なる宗教が存在するインドネシアという国においてのクリスマスの意味について考えるでしょうか。自分たちの周りにいる様々な人々が執り行う、様々に異なる宗教儀式について思いを馳せるでしょうか。おそらく神のことばが、彼ら自身にとって、彼らの個人的な生活にとって、どのような意味をもっているかを考えることでしょう。

２　二つめはニューデリーでのお話です。かの地では、新しい南アジア聖書注解という本が出版されました。牧師や教会員が聖書研究のために使う書物です。神学者と信徒が協力して執筆しました。この注解書で聖書の歴史的そして文化的背景について多くのことを学ぶことができます。また、聖書の様々な箇所が相互に深くつながり、相互に依存していることがわかります。私は想像してみるのです。インドに住む人が、初期のキリスト教の社会的・文化的背景について学びます。そしてパウロ書簡を通して、当時キリストに属する者たちがみな、それぞれの文化的・社会的背景の違いに関係なく、聖晩餐にあずかったことを知るのです。このインドの学生はこの学びを通して、異なるカーストに属する者たちは食卓を共にすることができないというインド社会に思いを寄せるでしょうか。バングラデシュの人は、おそらくこの注解書を通して、聖書を理解するためには、聖書を批判的に読まなければならないということを学ぶでしょう。そして、聖書を正しく理解するためには、それが書かれた文脈と歴史的状況を知ることが不可欠だと知るのです。このような知識は、キリスト教における原理主義やファンダメンタリズムをどのように考えたらいいか、自分自身の判断を見いだすための一助とならないでしょうか。

３　三つめはドイツの話です。あるとき私が住む村の教会で説教をしました。礼拝の最後で、聖書協会へささげる献金を集めることになりました。この献金は、聖書がいまだ翻訳されていない言語の一つであるアフリカの北ガーナに住む人々が使用することばに、聖書を翻訳するための費用として用いられます。聖書が世界中の言語に翻訳されていく様を知るのはとても素晴らしいことです。私は、アイゼナハの小都市ヴィッテンベルクで新約聖書を翻訳しているマルティン・ルターの姿を思い浮かべました。彼はおそらく、聖書がその後どれほどたくさんの言語に翻訳されるのか、想像だにできなかったでしょう。ルターはローマに行ったことがありました。ローマは、ルターが唯一見た外国でした。彼が画期的だったのは、聖書を普通の人たちが使っている単語や表現を使って翻訳したということです。聖書を、一般の人たちが理解できることばに翻訳したのです。ルターの翻訳によって、人々は聖書に直接触れることができるようになりました。ルターは、子どもたち一人ひとりが文字を読むことができるようになってほしいと願いました。子どもも、そして大人も文字を読むことができるようになるべきだ。そうすることによって、だれもが聖書が何を語っているのかを理解することができる、と。ルターは、人々が教育を受け、聖書について問いを発し、思いをめぐらし、そして聖書が書かれて彼らの生活にどのような意味をもっているのかを考えるようになってほしいと願ったのです。このルターの考えが、だれもが行くことのできる学校制度をドイツに導入することになりました。

宗教改革運動は教育運動でした。十八世紀から十九世紀に展開された世界的な宣教運動は、学校の設立と深く関わっています。これは、宗教改革運動が世界中にもたらした深い影響の一つといえます。

これら三つのエピソードは、聖書に証言されている神のことばが世界中に与えている影響を示した幾つかの例です。聖書は単なる書物ではありません。聖書を読むとき、聖書に思いをめぐらすとき、聖書を、芸術を通して表現しようとするとき、何かが起こるのです。

それは宗教改革の時代と同じです。新しい聖書理解によって、マルティン・ルターの人生は一変しました。聖書の学びを通して、ルターは自身の人生において最も重要であった問い、神の恵みに関する問いについて答えを得たのです。自由を得たルターは、修道士であることをやめ、カタリーナ・フォン・ボラと結婚し、教会を批判し始めました。彼の聖書解釈は、彼が生きていた時代と、そしてその時代の権力者たちの逆鱗に触れるところとなりました。「教会と、教会の司祭だけが聖書を解釈するべきではない。」ルターは、洗礼を受けた者すべての祭司性について語ります。このような理解は当時爆発的な力をもち、社会そのものを変えることとなりました。その影響は十六世紀における民衆の大きな反乱を引き起こし、強固な社会構造が崩れ始め、ヨーロッパ中の生活様式を変えることとなりました。司祭たちは結婚し、修道院は閉鎖され、学生たちは大学で様々な論争を始めました。

マルティン・ルターは今日象徴的存在であると私は理解しています。なぜなら、宗教改革は、異なる時代に、ヨーロッパという異なる国で起こった運動だからです。しかし、この運動の基礎になっているのは、聖書を学ぶということ、そして神のことばをどのように理解するかという議論にほかならないのです。

「雨や雪は、天から降って、もとに戻らず、
地を潤して物を生えさせ、芽を出させて、
種蒔く人に種を与え、食べる人にパンを与える。
そのように、
わたしの口から出るわたしのことばも、
わたしのところに、空しく帰って来ることはない。
それは、わたしが望むことを成し遂げ、
わたしが言い送ったことを成功させる。」

兄弟姉妹の皆さん。神のことばは、私たちのうちに働き、生活と社会を変えるのです。このイザヤ書は、信仰における深い経験を、雨と雪という素晴らしいイメージで表現しています。雨も雪も、ひとたび天から降れば、空しく天に帰ることはない。なぜなら、神のことばは実を結び、私たちの世界を変えるからです。新しいことが始まるのです。

この運動は希望に満ちています。なぜなら、神が世界を変えるとき、そこには目的と、向かうべきところがあるからです。大地が私たちに与える実は、「種蒔く人に種を与え、食べる人にパンを与える」のです。これが聖書のテキストが指し示す目的です。神のことばは充足した命をもたらします。神学的に表現するなら、「良い命の神学」と表現することができるでしょう。

皆さんの中には、今このように考えている方がおられるかもしれません。「そうかもしれない。でもキリスト教が世界中に広まったことによって、良いことだけがもたらされたのか。キリスト教の宣教の歴史の中で、様々に悪いことも起こったではないか」と。そのとおりです。私たちはキリスト教の歴史を、批判的に見る必要があります。宣教の歴史の中で、キリスト教が非社会的、経済的に常に悪い影響を与え、ときとして非常に暴力的な宣教戦略が用いられてきたことをよく知っています。

これらの悲惨な事実を、このイザヤ書のテキストから批判的に見ることができます。この世界における神の行為は目的をもっています。それは、パンと良い生活をすべての人にもたらすということです。

親愛なる兄弟姉妹の皆さん。私たちの世界に良くないものがあるからこそ、私たちは希望と信仰を強くしなければならないのです。私たちは神の目的を実現するために、神にくみする必要があるのです。

ここで私は問います。信仰とは、神の働きへと動いていくことにほかならないのではないか。神の行為に参与することではないのか。信仰とは、神の肥沃な大地がもたらす種を蒔くことであり、そこから収穫される実をひき、パンを作り、それを人々と分かち合うことではないのか。

私は、私たちは神のことばの働きのうちにとどまり続ける努力をするべきだという確信に至っています。神のことばに聴くこと、そして、神の働きのうちにとどまり続けることは、平和と正義を実践することを意味します。そのことによって私たちはイエス・キリストの御あとに従うのです。

この信仰の実践の実例は、実に世界中に見いだすことができます。多くの人たちが平和と正義のために働き続けています。

根深い対立が克服されるために、宗教が平和を希求する力が大きな影響を及ぼすこともあります。たとえば、一九八六年、フィリピンではカトリックの司祭、修道士、修道女たちが民衆を説得し、平和的な方法で独裁主義に抵抗する運動を展開しました。

もう一つの例は、一九八六年に東ドイツで起こった平和的革命です。東ドイツと西ドイツを隔てた壁の崩壊が平和裏に行われた背景に、プロテスタント教会の働きがありました。

アフリカやアジア諸国では、教会系のＮＧＯが、農民が自活できるプロジェクトを行っています。また多くの国で、これらのＮＧＯが人権問題にも深く関わっています。

現在、多くの難民がドイツに押し寄せている現状をご存じのことと思います。私の教会に属する多くの教会員が、避難所に出向き、難民たちの話し相手となり、ドイツ語を教え、難民たちがドイツ社会に溶け込めるように援助の手を差し伸べています。その光景を目の当たりにするのは、私にとってこの上ない喜びです。

愛する兄弟姉妹の皆さん。神の働きに参与することは、平和と正義のために働くことにほかなりません。そしてそれは孤独な働きではありません。私たちは神のことばに信頼を置くことができます。なぜなら、神ご自身が働いておられるからです。私たちは神の働きのうちに包まれているのです。私たちが大地に実をもたらす必要はありません。それは神ご自身がしてくださる業だからです。私たちは種を蒔き、収穫し、そこからパンを作り、そしてそれを分かち合うのです。平和と正義にくみするのは私たちだけではありません。神ご自身が、正義と平和を実現してくださいます。私たちは、神が実現してくださる平和と正義を、私たちのうちにもたらすことに全力を尽くせばよいのです。今一度イザヤのことばに耳を傾けましょう。

「そのように、
わたしの口から出るわたしのことばも、
わたしのところに、空しく帰って来ることはない。
それは、わたしが望むことを成し遂げ、
わたしが言い送ったことを成功させる。」

日本においても、ドイツにおいても、そして世界中どこにおいても、この神のことばに拠り頼もうではありませんか。

憲法アクション講演集会

日本バプテスト連盟宣教研究所　朴　思郁

〔U・リリエ氏の講演は、教会協議会のほかに日本バプテスト連盟の憲法アクション講演集会でもなされ、その時の応答を収録しました。〕

ウルリッヒ・リリエ氏の講演に寄せて

リリエ先生の講演、ありがとうございました。

一〇日前に起きた熊本・大分大地震により、多くの犠牲者や被災者がおられることを覚えながら、きょうの講演を聞かせていただきました。

ドイツ福音主義教会連盟（ＥＫＤ）ディアコニア部門（日本語で「社会奉仕局」と理解させていただきます）の紹介とそのお働きをうかがいながら、多くのことを学ばされました。

本日の講演は、リリエ先生が冒頭で紹介された神学者フルベルト・シュテフェンスキー（Fulbert Steffensky）が言った、「教会の使命としてディアコニアが不可欠である」、言い換えれば「世に仕える教会」というその一言に尽きると思いました。

マルコの福音書一〇章四五節でイエスが、「人の子も、仕えられるためではなく仕えるために、また多くの人のための贖いの代価として、自分のいのちを与えるために来たのです」と言われました。イエスがこの世に来た目的を示されたことで知られている箇所だと思います。まさしく教会の存在は、ディアコニア、すなわち「仕える」ことであることを改めて覚える時でした。

そして、先生は聖書神学的観点から「ディアコニア」を説明し、創造の時からご自分のお造りになったこの世界に対して、また社会的弱者に対して仕えておられることを説き明かしてくださいました。さらに、隣人と弱者に仕えるディアコニアは、教会の持つべき本質的特色であり、それは財政やシステムによるものではなく、聖霊にゆだねて行うものである、とディアコニアの原点を押さえてくださいました。

個人的に印象的だったのは、バッハのカンタータに用いられたと紹介してくださったイザヤ書五八章七〜八節の言葉でした。

「飢えた者にあなたのパンを分け与え、
家のない貧しい人々を家に入れ、
裸の人を見てこれに着せ、
あなたの肉親を顧みることではないか。
そのとき、あなたの光が暁のように輝き出て、
あなたの回復は速やかに起こる。
あなたの義はあなたの前を進み、

主の栄光があなたのしんがりとなる。」

というのは、七節と八節が、「そのとき」（新共同訳では「そうすれば」）という接続詞で繋がっていることに新たな閃きが与えられました。七節に書かれている描写、すなわち「この世に対する」「弱者に対する」責任を抜きにして、八節だけが取り上げられているのではないかと、反省を込めて、それこそ今日における教会の課題でもあるのではと思わされました。まさに十字架の苦難抜きに復活の栄光だけを好む、いわゆる繁栄の神学の問題点を指摘されるような気がしました。

また、ディアコニアの対象と適用の範囲について、言い換えれば、福音理解の幅や射程についても、福音書や使徒の働き〔使徒言行録〕、またパウロ書簡を通して、広げていただきました。

そのような釈義の作業を通して、ドイツ福音主義教会連盟（ＥＫＤ）ディアコニア部門の方々が、聖書に軸を置いてディアコニアの理解を見据えていく、というスタンスが伝わってきました。

リリエ先生の講演から考えてみたいと思ったのは、まずは現代社会における国家の福祉体系と教会の福祉活動の関係についてでしたが、ほかの論文を参考にさせていただきます。その内容は、戦後、教会主導の福祉と国家主導の福祉との関係をどのように位置づけしていたのかについてです。

先生は、ドイツの状況について紹介してくださいましたが、ドイツのカトリックとプロテスタントを合わせてのキリスト教人口率は、全人口約八〇〇〇万人のうち、六〇％の五〇〇〇万人で、ドイツ福音主義教会連盟（ＥＫＤ）の信徒数は、二二六〇万人といいます。

本日の講演ではおっしゃいませんでしたが、ドイツ福音主義教会連盟（ＥＫＤ）社会奉仕委員会が立ち上がるまでは、長い年月の議論と試みが重ねられてきたという情報に触れることができました。たとえば、インナー・

ミッション（Innere Mission）と福音主義援助局（Evangelisches Hilfswerk）がそれぞれの組織や神学的な違いを超えて、連帯と協力関係を試みつつ、今の組織になったということです。資料によりますと、インナー・ミッションは敬虔主義とリバイバル運動の影響を受けて、社会奉仕と宣教を直結していたといいます。反面、福音主義援助局は、ディアコニアの教会論的根拠に比重を置き、奉仕と教会の不可分の関係を強調したといいます。組織においても、インナー・ミッションは、自立性をもった様々な所属団体の脱中心的ネットワークという性格が強い反面、福音主義援助局は、中央集中的に管理・支援を行う体制であったといいます。それに伴い、財源の調達や活動方法なども違いがあったといいます。

一九五〇年から二つの組織の間に業務調整と合併を模索する議論がはじまり、それぞれの団体の歴史的な違いを乗り越えて、一九五三年から幾度の協議を行い、一九五七年に合併に至りましたが、あくまでも二〇年という限定的な協定で、ある意味一つの傘のもとで二つの組織が存続する「物理的合併」だったといいます。その後、一九五七年から一九七五年まで、二つの陣営は忍耐強く協議を重ねていき、ついに「化学的融合」ともいえるドイツ福音主義教会連盟（ＥＫＤ）社会奉仕委員会の誕生に至ったという歴史的背景についての情報に触れることができました。

それは単なる組織の間の統合という意味より、ディアコニアの概念が成熟していく時期だったということを鑑みると、本日リリエ先生が紹介してくださったディアコニアの概念はどのようなプロセスを経て成り立ったのかを理解することができました。そこには、いわゆる「福音派」と「社会派」の共存や連帯など、キリスト教世界でよく取り上げられる課題について、ドイツ教会がどのように向き合ってきたのか、示唆に富んでいると思います。

特に、現代ドイツの教会のディアコニア概念理解には、二つの理解が含まれているということです。

一つは、ポール・フィリッピ（Paul Phillipi）の理解として、ルターの二つの王国論の伝統を引き継ぐ、いわゆる「教会のディアコニア」です。ルターの二つの王国論は、神の統治が教会と国家という異なる二つの機関によって行われ、二つの機関がそれぞれの領域を守り、機能を果たすべきであることを言います。そのルターの二つの王国論に基づき、福祉の領域でも教会と国家の区別と協力を求めていたといいます。

もう一つは、ヴェントラント（H.-D. Wendland）の理解として、告白教会の伝統を引き継ぎ、全世界に対するキリストの主権から出発して、ディアコニアが個人的な愛の実践にとどまらず、社会関係の制度的側面を変革することまでいかなければならないという立場です。真のディアコニアは教会の中にとどまらず、「教会と世界の間に」設定しなければならないという理解でした。

両陣営を代表する二人の神学者のパラダイムは違いましたが、フィリッピの「教会のディアコニア」からは、ディアコニア領域において教会と国家の関係を立てていく知恵を採り入れ、ディアコニアの求心力を保つ、そしてヴェントラントの「社会のディアコニア」からは、教会と世界の間でディアコニアを実践していくことを採り入れ、ディアコニアの遠心力を保っているということでしょう。

ドイツの教会の歴史から印象的に思ったのは、約二〇年間、ときには熾烈な神学的論争も交わしながら議論するなか、著しい立場の違いがあっても、二つの陣営が「連帯と協力」の精神を優先しなければならない、というスタンスを堅持してきたということです。連帯や協力と言いながらも、どちらかの陣営が主導権を握って、組織の方針や施策が一方的に進められ、もう一方の陣営は、それについていけなくなると冷ややかな態度になることは稀でないと思います。

先生の講演から多くのことを考えさせられましたが、そのうち三点を申し上げます。

1　対話の重要性について

「ディアコニア」という福音主義を包括する機関が成立するまで、また「教会ディアコニア」と「社会ディアコニア」のバランスの取れた「ディアコニア」概念に至るまで、時間をかけて丁寧に対話を重ねてきたことは、とても大切なことであると思います。いわゆる「福音派」と「社会派」の間の話し合いというのは、平行線を走ることで、途中で決裂してしまうことが稀ではないのは承知のことです。

ドイツにおいても相当の努力が必要だったと思われますが、どちらかに一方的に統合されるとか、決裂するとかするのではなく、丁寧に、対話を通して、互いに違いを認めつつ、縮めていく努力が大切であると思います。私たちの日本バプテスト連盟においても、耳を傾けなければならない課題であると思いました。

2　神学的作業の重要性について

社会奉仕がなぜ必要なのかについて単なる時事的な状況や現実からの訴えではなく、丁寧に聖書的な根拠を提示できる神学的作業の重要性を感じました。特に私たちが教わった主な神学がはたしてこの時代のニーズに応えられるものなのか、具体的には、キリスト論中心的な神学だけではなく、創造の神と、コンテキストにおける聖霊の働きを重視する三位一体の神学が求められるのではないか、など。

時事的・政治的な訴えより、きちんとした神学的根拠を提示することによって、諸教会の理解を求めていく作業が大切であることを学ばされました。

3　包容的・開放的姿勢について

最初の対話の重要性とも関連があると思いますが、創造論からの聖書的な釈義や福音理解などにも見られますし、ディアコニアの働きにも見られるのは、排除ではなく、包容する姿勢です。特に今日における排外主義が広がっているなか、他者を認めることの基本的な姿勢がますます求められると思います。そして聖書理解、福音理解を固定化・絶対化せず、常に自己批判しながら、この時代に対応していこうという開かれた姿勢がなければ、ますます多様化していく現代社会における教会の使命を果たすことができなくなるでしょう。今の教会が肝に銘じておく姿勢であると思います。

先生の講演をうかがいながら、日本との比較を試みることによって、幾つか話題を取り上げたいと思います。本日の集会のテーマは、「国家／社会とキリスト教」になっていますが、私はきょうの話のツールとして、アメリカの神学者リチャード・ニーバーの『キリストと文化』を援用し、彼の提案した五つの分類を通して、話を進めていきたいと思います。

リチャード・ニーバーは『キリストと文化』で、世界に対するキリスト教の関係性・あり方を五つに分類しています。(1)「文化に対立するキリスト（Christ against culture）――対立論者」（テルトゥリアヌス、トルストイ）。(2)「文化に属するキリスト（Christ of culture）――自由主義、文化的キリスト教」（アベラール、リッチェル）。(3)「文化に君臨するキリスト（Christ above culture）――総合論者」（トマス・アクィナス、クレメンス）。(4)「逆説の関係にあるキリストと文化（Christ and culture in paradox）――二元論者」（ルター、マルキオン）。(5)「文化の変革者としてのキリスト（Christ, the Reformer of culture）――変革論者」（アウグスティヌス、カルヴァン）。

この分類は、どれが最も正しいのかということを提示するためのものではなく、キリスト教の歴史上、教会とこの世との関係について、教会もしくは信仰者がとってきた立場を網羅したところに意味があると思います。ニーバーのこの分類は、今日のような脱中心、多様性を重視するポストモダン時代には、適用できないのではないかという批判もありますが、キリスト教とこの世、もしくは教会と国家の関係について話すためには、まだまだ有効なツールであり、示唆に富んでいる内容であると思います。

いわゆるファンダメンタリズムという根本主義がありますが、それを右に置いて、いわゆる「自由主義」を左に置くという並べ方をすると、(1)「文化に対立するキリスト」が一番右に、(2)「文化に属するキリスト」が一番左に位置します。そして、ちょうど真ん中に、(5)「文化の変革者としてのキリスト」、その右に、(4)「逆説の関係にあるキリストと文化」があり、その左に、(3)「文化に君臨するキリスト」がある、という図式になるわけです。現実的には、(3)、(4)、(5)の類型が多いのではないかと思います。

この分類では、(4)「逆説の関係にあるキリストと文化」に分類される代表的なのが、ルターの二つの王国論であると言われます。教会と国家がそれぞれの領域を認めながら、緊張関係にあるというのが、この類型ですが、ドイツは教会の国家との関係性には、この類型がよく表れているように思われます。そして、(4)「逆説の関係にあるキリストと文化」の類型に軸を置きながら、(5)の「文化の変革者としてのキリスト」の類型を表しているのではないかと私は思います。

それでは、日本はどうなのか、私たち日本バプテスト連盟はどんな類型に近いのでしょうか。

各個教会主義を標榜する私たちのあり方としては、一つへのカテゴリー分けは無理であるとは思いますが、「生の全領域において主告白に生きる信仰」を掲げている私たちの理想、そして宗教的マイノリティーとして政教分離の立場を堅持している現実を踏まえて考えると、(4)の類型に近いのではないかと思います。単に類型としてはドイツと似ていると言えますが、全人口の六割がクリスチャンであるドイツにおける「国家」と、全人口の一％ないしは〇・五％のクリスチャンの日本における「国家」という領域の中身と、そしてはたして教会が「国家」との関係におけるバランスを保てるほどの力を持っているのかという面では、ドイツと日本との単純な比較や、ある特定のモデルを適用することは難しいと思います。

何より大事なのは、ドイツと日本の両国が第二次世界大戦を通して経験したように、国家がキリスト教に親和的か、そうではないかとは別に、常に「国家」自体が全体主義化しないように警戒し続けていくことであろうと思います。

ちなみに、戦争責任や歴史認識の問題についてドイツと比較されることが多いのですが、それぞれの国が置かれている宗教的・文化的土壌、そして両国を取り囲む国際政治的な動きなどを抜きにして、ドイツはできるのに、日本はできないのか、という単なる「敗戦国」としての同列比較には無理があると思います、宗教的・文化的・政治的、諸般の事情を踏まえて慎重に行うべきであると思います。

私は、今日の日本における教会のディアコニアとは何なのかについて考えてみたいと思います。言い換えれば、今日の日本の教会の社会的責任は何なのかについて考えてみたいと思います。

特に日本においては、「戦後七〇年」という節目の昨年、安倍政権は憲法違反の「戦争法」を強行可決し、今年三月二九日に施行させました。そして今年七月の参議院選挙で、改憲勢力三分の二を目指すことを明言しています。憲法の明文改憲に踏み込み、戦争のできる国づくりを完成させようとしています。ご存じのように、二〇一一年に起きた三・一一大震災以降、犠牲のシステムによって、福島が、そして沖縄が苦しみの中にあります。二〇二〇年東京オリンピックを控えて、ますますそのような傾向は強まっていくだろうと思います。

このような状況、いわゆる「右傾化」しつつある社会の中で、私たち教会はどのような現実認識をしているのでしょうか。

まず、社会における「右傾化」、教会における「右傾化」について考えてみたいと思います。社会の右傾化とは、在特会のヘイトスピーチのような積極的かつ可視的な活動と思い、それは教会では他人事のように思われるかもしれません。教会はヘイトスピーチを許すわけではないし、ゆえに右傾化とは関係がないと思われるかもしれませんが、はたしてそうなのでしょうか。もちろん教会の中でも、今の政権が進めようとしている方向性に積極的に賛同する意味での「右傾化」傾向があるかもしれません。少し厳しいと思われるかもしれませんが、右傾化には、「積極的右傾化」だけでなく、「消極的右傾化」もあると思います。

そもそも、右傾化とは、「行動」より「思考」という次元の事柄であると思います。つまり、右傾化は、右か左かという「思想の傾き」の問題ではなく、「思考の硬直化」と言えると思います。その結果、積極的に表されるのか、消極的に表すのか、という事柄であると思います。そういう意味で、右傾化とは「批判的思考の欠乏、不在」と言えるのではないかと思います。

自分と何らかの利害関係がなければ、社会の様々な事柄に対して無関心であること、そして、社会正義や平和の課題などを自分の事柄として受けとめずに、神の御心云々として自分の責任を真剣に考えずに、この世の論理に振り回されてしまう、それこそ「右傾化」であると考えねばならないと思います。

昨今、ヨーロッパにおけるシリア難民の問題がドイツ教会の課題であるだろうと思っていますが、同じく日本においても、マイノリティー問題を教会の課題として受けとめなければならないと思います。マイノリティーと関連して教会のディアコニアについて以下のことが考えられます。

1 「隣人に対する概念」の再構築

私たちの隣人とはだれなのか、その隣人の定義、範囲を改めて考えなければならないと思います。ルカの福音書一〇章にある「善いサマリア人」のたとえで、イエスは、「隣人」の概念を転覆し、再定義されました。「私の隣人はだれですか」という律法の専門家の質問を受けて、「追いはぎに襲われた隣人はだれですか」と返されるのです。私が隣人の範囲を限定するのではなく、助けを必要とする人に応えなければならないことが隣人であることを示しているのだと思います。

ハンナ・アーレントは、「二十世紀は暴力の世紀」と言いました。その理由は、「私」の存在を絶対化し、「私」の存在を維持することを最優先視したからだと言います。他者の存在を否定し、排除することがすべての「悪の根源」であると言います。

レヴィナスは、人間の生活とは、自分の世界を構築することで成り立つのではなく、「他者の顔」を通して現れる他者の苦しみに対して連帯と責任を果たすことで成り立つものであると言います。

数々の「追いはぎに襲われた人」が「他者の顔」として私たちの前に現れるのです。私たちはその「他者の顔」を無視せずに、関心をもって見つめながら、近くにいる「他者」に対して、また遠くにいる「他者」に対して、新しく自分の責任を果たすべき「隣人」として受けとめていくことで、「隣人」の範囲を広げていくことができるということです。そのように私たちの周りを見渡していくときに、今まで見えなかった数々の新しい「隣人」に出会っていくであろうと思います。その隣人たちとの出会いは、さらに私たちの隣人理解を豊かにしてくれるに違いないと思います。

2　「存在する非存在」への関心

リリエ先生も講演で「見えない存在を見ることこそが、教会のなすべきこと」であると言われましたが、「見えない存在」という言葉を聞きながら、ジョルジュ・アガンベンの『ホモ・サケル』を思い出しました。ローマ帝国時代に、存在しながら存在しないように扱われていた、「ゾーエー」という生物学的な生命は認められていても、「ビオス」という社会的・政治的生命が認められない「ホモ・サケル」という人々は、言い換えれば「存在する非存在」なのです。現代社会の中には、様々な「見えない存在」「存在する非存在」がいます。そのような存在として、種々のマイノリティーのことも考えなければならないと思います。

ちなみに、リリエ先生は、社会的マイノリティーであるホームレスの人々の統計を朝日新聞から引用し、東京周辺に六〇〇〇人、全国に三〇〇〇〇人と言われましたが、二〇一五年の厚生労働省の統計では、東京周辺に一三三六人、全国に六五四一人といいます。なぜこんなに違いがあるのでしょうか。

厚生労働省が定めているホームレスの人々の自立の支援等に関する特別措置法では、「都市公園、河川、道路、駅舎その他の施設をゆえなく起居の場所として日常生活を営んでいる者」と位置づけている。要するに、外で寝起きをしている人々です。

しかし、たとえばイギリスでは、ホームレスの定義を以下のようにしています。

占有することができる住居をもっていない状態にある世帯の一員。

家があってもそこに立ち入れない場合、そこが住むことが許されない車両、船である場合。

そこが継続的に占有する理由をもっていない場合。

二八日以内にホームレスになる可能性がある場合。

日本国憲法二十五条に、「すべて国民は、健康で文化的な最低限度の生活を営む権利を有する」とありますが、OECD国家の中で貧困率四番目ということを公にしようとしない政府のジレンマが見られるところです。

教会は、今日における種々の「見えない存在」であるマイノリティーに目を向けなければならないと思います。

3 「教会の意識改革」

教会が社会に対するディアコニアを果たしていくためには、新しい時代にふさわしい受け皿でなければならないと思います。神学的考察をはじめ、そのような発想を広げていくことが必要であると思います。

マルコの福音書二章二二節、「まただれも、新しいぶどう酒を古い皮袋に入れたりはしません。そんなことをすれば、ぶどう酒は皮袋を裂き、ぶどう酒も皮袋もだめになります。新しいぶどう酒は新しい皮袋に入れるものです」。

当然ながら、私たちは今までに経験したことのない時代を生きています。想像をはるかに超える時代です。今までのパラダイムでは対応しきれない時代とも言えます。いつのまにか、多くの外国籍の人々と一緒に暮らしている社会になっています。二〇〇万人以上の外国籍の人が暮らしているという統計がありますが、これからは、ますますそのように、外国籍の人々に頼らざるを得ない社会になりつつあるのです。

それは教会とは無関係ではなく、教会の意識を変えなければならない事柄として受けとめなければならないと思います。今までは、あくまでも私たちが「ホスト」として、彼らを「ゲスト」として受け入れるという意識だったかもしれません。しかしこれからは、私たちはみんな、この世界をお造りになった「ホスト」である神によって存在へと招かれているという「ゲスト」意識を共有することで、教会は、年齢・階層・国籍・人種・性指向などを問わずに、「共にゲストとして神の前に立つ」という意識をもつことが大切であると思います。それは、簡単で易しい作業ではないと思います。これまで慣れ親しんできたあらゆるものから離れなければならないかもしれません。まさしく「歓待の神学」という新しい「パラダイム」への転換が求められることでしょう。これまでは、「私」を中心として行ってきた事柄を「隣人と共に」という意識に変えていくことになるでしょう。

そのように思考の軸が動くことによって、私たちの様々なもののとらえ方にも、変化が伴ってくると思います。

たとえば、今までは、狭い意味の「民族国家」(nation-state) に基づいた宣教論をもっていたとすれば、これからは、国籍・性別・人種・性指向・宗教などを問わずに、「一人ひとりは神にかたどって造られた平等な存在である」という「世界市民主義」的な意識を共有することです。そのような認識は、苦労せずに、自然に身についていくものではないと思います。これまで当たり前と思っていた聖書理解を再構築していく作業も伴わなければならないと思います。焦らずに、私たち一人ひとりが、教会共同体が主の前にへりくだり、丁寧にその作業に取り組んでいきたいと願うものであります。

日本キリスト教団西千葉教会主日礼拝説教

シモン・ホーフシュテッター

「愛は、あなたがたにとってのよそ者に対してこそ、よもや忘れてはならない！」（ヘブル〔ヘブライ〕一三・二、チューリヒ聖書）

親愛なる礼拝共同体、キリストにある兄弟姉妹。

皆さんのもとに赴き、きょう皆さんとごいっしょに礼拝の祝いにあずかることが許され、格別な喜びを覚えています。私はここ数日の間、東京で開催されている日独教会協議会に出席しています。日本やドイツからの代表者たちの傍らで、ヨーロッパの真ん中の国スイスのプロテスタント教会を代表する者として参加しているのです。この教会協議会の開催は、第七回目を迎えるに至っていますが、このたび取り上げられている主題は「ディアコニア」、すなわち、援助の社会的な活動。すべての教会がそれに関わる召しを覚えている「奉仕」です。

Ⅰ

この説教の機会に、私が皆さんにぜひお話ししたいと思っていることは、私たちスイスのプロテスタント教会における「ディアコニア＝奉仕」がどのような様子であるか、そして教会の社会活動はどのような社会的かつ政治的な挑戦に向き合わなければならないのか、ということです。そこで主たるテーマをなすのは、目下焦眉の「避難民／亡命者の危機」の問題です。スイスは、いやヨーロッパのすべての国はこれに直面し、これを目の当たりにしているのです。

私たちは毎日、テレビ、新聞、電子メディアを通して、亡命の途にある人々の姿を見ています。近東の自分の故郷から、その大部分はシリアから、逃れて来る人々。というのも、彼らの故郷にあっては紛争がすべてを覆っているのです。迫害の中、故郷を追われ、あるいは戦火に生活基盤をすべて破壊されてしまいました。

私たちヨーロッパ人は、その姿を見ています。亡命の途にあるこれらの人々が、きわめて素朴なボートで海を越え、確かな「港」、つまり西ヨーロッパにたどり着くために、どれほど危険な旅に出なければならなかったことか。私たちは見ています。旅がただ厳しいというだけではない。彼らがどれほどの飢えや寒さや暴力にさらされ、さらにはときに死に脅かされていることか。しかも、その逃亡の目的が達せられるかどうかを確かめることもできないのです。

裕福な国では、こうした紛争について、メディアに映る姿をただ見守るばかりです。私たちのスイスにおいてはそうなのですが、ここ日本でもやはり状況は変わらないのではないでしょうか。今や紛争は、私たちのところでは、すぐ家の扉の外にまで忍び寄ってきています。戦場から逃れて来た人々を介して、戦争は確かに戸口に立っているのです。今、人々が私たちのところへやって来ています。着の身着のままで、私たちスイス人とは違う風貌で、私たちの言語など一言も口にしない人々が。

スイスでは様々な反応が示されています。避難民たちは、多くの人々から恐れられています。よそ者であるがゆえに、不安と反発を招いているのです。また彼らは経済的な重荷だと見られています。寝食の世話と保護を受けなければならないからです。

社会と政治は、近東からの避難民たちとどのように関わろうとしているのでしょうか。また何よりも、キリスト教会は亡命者たちとどのように向き合っているのでしょう。

多くのヨーロッパ諸国は、大勢の難民がかくも短期間のうちに近東から自分たちの地域に逃れて来たという事態に直面しています。確かにヨーロッパはすでに久しく、移住地や亡命地とされてきました。けれども、最近の各国への亡命者たちの数は、以前にまして明らかに大きいのです。多くの国々が、難民の数の大きさに、雪崩のときのように完全に呑み込まれると感じ、その過剰な要求に希望をなくしてしまっています。庇護を求める人々に対し、十分な配慮をなすことなど自分たちには不可能だ、と。この過大な要請と同様に、よそ者を前にした不安から、多くの国がそれまで開いていた国境を閉じ、これ以上の難民を受け入れないようにし始めています。もちろん、こうすることで問題が解消するはずもなく、むしろ、問題をただ脇に逸らしてしまっているだけです。

Ⅱ

さて、キリスト教会は今、この短期間にかくも多くの難民が自分たちの住む地域にいて、庇護を求めていることに対し、どのように向き合っていくのでしょう。ディアコニア、すなわち援助を与える社会的な教会の活動は、どんなことを担うことができるのでしょうか。私たちの教会は、この問いについての方向づけを、聖書のみことばに、旧約・新約聖書の中に求めています。

私たちは、聖書の本文の中に、異邦人と亡命者たちの運命について理解を示している多くの箇所を見いだします。それは、イスラエルの民自らが、その歴史の中で、亡命と追放の定めを繰り返し味わい通さなければならなかったからです。「よそ者」であることは、いわば神の民のアイデンティティーに属するものであったのです。「逃亡とよそ者たること」という主題は、まるで赤い糸のように聖書全体を貫いています。このことは多くの物語や戒めの中に見られます。歴史書にも、また同じように、預言の中にも場を占めています。至るところに、強制され、故郷を追われた人々の話があります。

不確かな未来へ、よその国へ、そこでは必ずしも歓迎されないどころか、彼らの人生を厳しいものにしようとの試みが繰り返しなされます。そのような中で、その国の政府が認めている宗教とは異なる信仰をもっていたという理由で、迫害される人々があるでしょう。中には不義に対して勇気を出して抵抗しなければならない人々もあるでしょうし、一方で、飢えをしのぐために、ただ立ち去らなければならないこともあるでしょう。立ち去りたい者などだれもいなかったにもかかわらず、です。だれもが道へ踏み出して、不確かな未来に向かい、すでにたいへんな勇気を振り絞ってきたのです。

父祖アブラハムのような人は、神の御声を聞きました。自らの故郷を後にして、残る人生を「よそ者」として、異邦の地で生きることを命じる御声です。孫のヤコブも同様でした。兄のエサウがその命を狙っていたからです。ヤコブの息子ヨセフは、実の兄たちによって奴隷としてエジプトに売られました。しかしこの兄弟たちもみな、長く家にとどまってはいられませんでした。飢饉のために移住しなければならなくなり、たどり着いたのはエジプトでした。この十二部族から、イスラエルの民は生まれた、と聖書は記しています。そうしてこの歴史は、エクソダス、すなわち、出エジプトとして、有名になったのです。イスラエルの民はエジプトでひどい扱いを受けました。そう、奴隷とされていたのです。やがて亡命生活を始め、自分たちの国を求めながら、難儀な道をモーセに率いられてゆきます。これらの人々はみな、難民、亡命者としてさまよったのです。

イスラエルの民の亡命について想起させる出エジプト記二三章九節に、こう言われています。

「あなたは寄留者を虐げてはならない。あなたがたはエジプトの地で寄留の民であったので、寄留者の心をあなたがた自身がよく知っている。」

また新約聖書では、ヘブル人への手紙一三章一節から三節に、このような箇所が見つかります（チューリヒ聖書に基づく翻訳をお読みします）。

「愛が、あなたがたを信頼している人々に対して残るようにしなさい。しかし愛は、あなたがたにとってのよそ者に対してこそ、よもや忘れてはならない。ある人々は、知らずに天使を泊まらせたのである。」

これが、なぜすべての国の人々が避難民、亡命者たちと向き合わなければならないか、という聖書的な根拠の一つです。先人たち自身が寄留者・よそ者であったということを、このところで思い起こさせています。すべて信仰ある者たちは、自分自身のことばかりを考えるのではなく、自分たちの歴史の中で、逃亡したこと、よその国に受け入れられたことがいつも大きな役割を演じていたことをも覚えておくように、と注意を喚起されているのです。そのことから、一つの共同性の中で他者と連ねられるあり方が育つのです。

Ⅲ

この他者との連帯を、聖書があらかじめ範として示してくれているとおりに、スイス・プロテスタントの諸教会は、心から受け入れ、そのために生きるものでありたいと願っています。しかも、二つの見地をもって、そう願うのです。

1　第一に、教会は地域の現場にあって、難民たちの危機をつぶさに見ています。教会が自由に利用できる宿泊所を提供すること、それは教会所有の建物であったり、牧師館であったり、あるいは地域の別の場であったりします。そして、避難民お一人おひとりのために、屋根、すなわち宿と、温かいお世話をするのです。教会で衣服や靴、ふとんや食料、そのほか、避難民が日常生活に必要とするものをいろいろ集めます。さらに、難民たちがドイツ語を学び、より良い社会生活を送ることができるように、語学コースを組織します。

2　第二に、教会の社会活動にはいつも伴うことですが、公的なところに介入していくことです。私たちの場合、そのことは、国境を開き続けるために、政治と社会にあって尽力することを意味します。亡命の途にある人々が受け入れられ、戦地に送り帰されることがないように。教会はまた、国の当局が、避難民たちに十分な庇護を与えるために必要なことを果たすようにと、力を尽くして訴えます。スイスの宗教改革者フルドリヒ・ツヴィングリは、十六世紀、宗教改革の時代にあって、「見張りの務め」について語りました。つまり、教会は、庇護を求める者たちを国が十分にもてなしているかを注視していなければならないのです。まさにこの「見張りの務め」こそが、今日の教会の働きとして与えられた大きな課題です。

「しかし、愛は、あなたがたにとってのよそ者に対してこそ、よもや忘れてはならない。」

私たちは、このように聖書のみことばを、ヘブル人への手紙から読みました。そして今日も、避難民たちを前にして、同じことが言えるでしょう。私たちのスイスにあって、全ヨーロッパにあって、いや、世界のどの場所にあっても、迷える者たちが守りと助けを探し求めている場所のどこにあっても。

二〇一七年、何か祝うことがあるのか
――東京ドイツ語教会宗教改革五〇〇年祭講演――

マルゴット・ケースマン

二〇一七年は、ヴィッテンベルクにルターの「九十五箇条の提題」が掲げられてから五〇〇年目にあたります。(1) それがこの年を祝う理由でしょうか。ルターが城教会の扉に「九十五箇条の提題」を本当に杭打ちしたのかどうか、あるいはルター以外の人が記した、すでにあった文書が複写されただけなのではないか。そうこうするうちに、歴史的にはきわめて疑わしくなっています。加えて、宗教改革の始まりは、むしろルターが破門状を焼却した一五二〇年と定められようとしています。(2) 一五一七年のルターは、今日の私たちの言葉で言えば、「改革志向のカトリック教徒」(Reformkatholik) でした。二十一世紀のローマ・カトリック教徒なら大抵の人が、免罪符売りに関するルターの諸提題に署名できるでしょう。(3) そもそも宗教改革記念の祝祭自体、やるべきでしょうか。いったい教会の分裂を祝うことなどできるのでしょうか。宗教改革の暗い側面、ルターの反ユダヤ主義などについて、あらためて心得なくてはならないとでも言うのでしょうか。(4) だいたい、会員数が減少するなかで経費削減や構造改革の議論に奮闘しなければならない教会が、お祭りなどすべきでしょうか。どちらかといえば学問的な議論が必要な時に、イベントが行われてよいものなのでしょうか。

以上、宗教改革記念祭に寄せて続々と私のもとに届けられるたくさんの問い合わせのうちの四つを挙げました。

試みに草案のいくつかを書かせてください。それらもまた、今日のプロテスタントの実存を常に問うものです。先取りすると、あらかじめ言っておきますが、私が皆さんにお示ししたい主張はこうです。

「二〇一七年に私たちは喜んでお祝いできます。」

より詳細な説明の前に、具体的な計画全般について、現況を短く概観してお伝えします。私たちはこれまでの一〇年、主題に沿った準備をしてきました。その一〇年間が記念の年の主要な祝典に流れ込みます。これまでのところ、この記念祭の五本の柱が見て取れます。

1　まず二〇一六年十月三十一日、ベルリンで祝祭年を厳粛に開始します。

2　この宗教改革記念日が、「宗教改革の拠点めぐり」（Stationenweg）企画の日々へのスタート地点ともなります。これが、皆が参加して国境を越え、祝うという第二の柱です。ドイツをはじめとする欧州六七の宗教改革ゆかりの町々で、その地域ごとの宗教改革史が想起されます。そしてその記憶が、宗教改革をめぐる各主題の今日的な意味を明らかにする「現在化」に繋がります。

3　第三に、「拠点めぐり」は、二〇一七年五月二十八日にヴィッテンベルクの扉の前で行われる盛大な記念礼拝に至ります。これは、ベルリンの教会デー（キルヘンターク）や、中央ドイツの諸都市により「途上の教会デー」として準備されている地区教会デーと共同して祝われる、締めの礼拝です。ドイツ福音主義教会連盟がこのような形でドイツ福音主義教会デーと協力することは、新しいことです。

4　その直前の二〇一七年五月二十日には、正式に「宗教改革の世界展」がヴィッテンベルクとその近郊で始まります。その際には、ルターの町ヴィッテンベルク自体が「展示会場」となります。国境を越えた「拠点巡り」で受けとめ、集め、学び、知らされたことが、その他の様々な教会、文化や市民団体の領域から寄贈されたものと合わせて展示されます。

5　この世界展の一部が青年キャンプです。若い世代が宗教改革と宗教改革の諸都市を発見することが、記念祭の最後の課題となるからです。そこではコンサートや映画祭が催され、礼拝と祈り会、そしてもちろん神と世界についてのディスカッションもあります。ダンスと祈り、歌と語らい、笑顔と愛のある夏のキャンプは、様々な地から集まった青年たちにとって忘れがたい宗教改革の体験となるでしょう。

二〇一七年十月三十一日には、国内と世界の、宗教改革に重大な関わりのある各地で、公的に公開の祝賀行事が挙行されます。それらの行事によって、象徴としてのこの日にふさわしい注目が寄せられることでしょう。ドイツでは、この日を、年に一度の法律上の祝日にすべきだという意見がすでに（ほとんど）通っています。このような形でも、この日の特別な意義が強調されるというわけです。

以上が、これまでの準備と計画の概観です。しかしここで、内容に関する問題点に移りましょう。どのようなところに、これまでとの違いがあるのか。私が重要だと考える一〇とおりの見方を以下に取り上げたいと思います。

1　批判的に過去を振り返ること

ドイツにおける宗教改革記念およびルター追考は、いつでもそれぞれの時代の刻印を受けていました。*1　一六一七年、それは信仰告白によって自分たちの確信を固めることに貢献しました。一七一七年、ルターは一方では敬蒙主義の体現者に、他方では中世の迷信に相対する初期啓蒙主義者に様式化されました。

一八一七年には、一三年に起こったライプツィヒ近郊の諸国民戦争を記念する、宗教的—国家的な祝典としての演出がなされました。そこでルターはドイツ国家の英雄にまつりあげられたのです。一八八三年の生誕四〇〇周年で、ルターはドイツ帝国の「創設の父」に昇進し、一九一七年にはついに、ヒンデンブルク（一八四七〜一九三四年。第一次世界大戦のドイツ参謀総長、一九二五〜三四年大統領）とともに困窮の時代の救世主になりました。国家社会主義〔ナチ〕が政権を掌握した一九三三年、その生誕四五〇周年に際して、ルターは神に遣わされた総統（ヒューラー、指導者）、あるいはより偉大な総統（ヒトラー）の先触れの使者というオーラに包まれました。

それから死後四〇〇年の彼は、「ドイツ人の慰め主」とみなされます。一九四六年、〔戦後の〕苦々しい困窮時の慰めです。生誕五〇〇周年にあたっては、東と西における「ルター資産の競争（コンクール）」の様相がありました。ドイツ民主共和国（ＤＤＲ、いわゆる旧東ドイツ）のルターは、もはや君侯の僕ではなく、初期ブルジョワ革命の擁護者でした。

このように振り返るとき、宗教改革記念の年また年が、微妙な取り扱いを要するものであったことに神経質にならざるをえません。私たちの後の世代は、二〇一七年についてどのような判断をすることになるでしょう。彼らはこう言うでしょうか。プロテスタントの者たちが、他の人々の負担の上で自分らしさを勝ち取ろうとした。それともこう言われるでしょうか。キリスト教信仰のための公共性を得る試みがなされていた。あるいは明らかにされるでしょうか。ここで批判的かつ形成的に、つまりは模範的なプロテスタントらしく、みずからの遺産と根本的に取り組むことがなされたのだ、と。

私は確信しているのです。少なからぬ人が恐れたような「ルター礼賛」が起こることはありません。ドイツにおけるプロテスタント教会および世界のルーテル教会は十分におのれを律しているのであって、みずからの偉大な範例がもつ暗い側面を次第に小さくしていくようなことはなく、まして宗教改革をルターとその人間性だけに狭めることはありません。というのも、宗教改革は数十年の長きにわたる運動であって、一五一七年はひとつの象徴的な年号だということは、はっきりしているからです。また、宗教改革はたくさんの人々が推し進めたものであって、マルティン・ルターはその象徴的人物であることは明白です。そのことを非常に美しく表したのが、イタリアの芸術家ガブリエーレ・ムッチ（一八九九〜二〇〇二年）による祭壇画です。ベルリンの離れにあたるアルト＝シュターケンの小さな教会にあるこの壁画は必見です。そこには十字架にかけられたキリストのもとに、十六世紀の教会と世界観の刷新に重要な役割を果たした一二人の歴史的な人物が集っています。ニコラウス・コペルニクス（一四七三〜一五四三年）、ウルリヒ・ツヴィングリ（一四八四〜一五三一年）、ジャン・カルヴァン（一五〇九〜一五六四年）、イグナチオ・デ・ロヨラ（一四九一〜一五五六年）、トマス・モア（一四七八〜一五三五年）、カタリーナ・フォン・ボラ（一四九九〜一五五二年）、マルティン・ルター（一四八三〜一五四六年）、トマス・ミュンツァー（一四八九〜一五二五年）、ヨハンネス・ブーゲンハーゲン（一四八五〜一五五八年）、フィリップ・メランヒトン（一四九七〜一五六〇年）、ルーカス・クラナッハ（一四七二〜一五五三年）、ロッテルダムのエラスムス（一四六六〜一五三六年）です。これは、問題が広範にわたる運動にあり、ひと方ならぬ展開に関わっていることの見事なしるしです。感

銘を受けながら、私は、彼ら全員がこの絵にある十字架のもとで和解してはじめて、運動の広がりが目に見えるものになると感じます。

そう、つまり、私たちはグローバル化した世界に生きています。ハインツ・シリング（一九四二年〜。ドイツの歴史家。二〇一〇年までフンボルト大学ベルリン教授）がこのことを新しいルターの伝記に書いています。「宗教改革者の世界観は、死ぬまで大陸性（コンティネンタル）のもの〔にとどまり〕、新世界については奇妙なほどに手つかずだった。[*2]」それでも宗教改革は、ただちに国際的な規模を獲得することになるヨーロッパの出来事でした。私たちは勇気をもって、グローバル化した中で祝うことができます。ここでは教会だけでなく国家も社会も、つまり世界も教会も変えてしまい、今日に至るまで影響を与え続ける多様な運動が問題なのだとはっきりさせることができるのです。

▼この批判的な振り返りを踏まえ、宗教改革を、グローバルな地平における全体的な出来事として真摯に受けとめることが重要になるでしょう。

2　オイクメネ（世界規模の教会）

今回は、エキュメニカル運動の一〇〇年を経たうえで最初の祝祭年です。まず一方で、ローマ・カトリックとの関わりがあります。宗教改革の諸教会は、ローマ・カトリック教会と同じように、古代教会を継ぐ者だと自認しています（Luther, Wider Hans Worst, 1541）。そこで、共通の歴史が問題となるのです。

宗教改革の画期（エポック）に、〔カトリック教会を含む〕すべてが変わりました。今日のローマ・カトリック教会は、十六世紀にルターや他の宗教改革者たちがあれほどまでに深刻な衝突をした相手と同一ではありません。すでにトリエント公会議（一五四五〜六三年）が、お賽銭の対価としての免償を退けていましたし、前世紀の第二ヴァチカン公会議（一九六二〜六五年）は、ミサに母国語を導入しました。もちろん、たとえば教皇制度や聖人崇拝、そして職制理解に関する宗教改革の問いの多くはそのまま残されています。しかしマルティン・ルターは彼の属する教会を改革したかったのであって、分裂させたかったのではありません。したがって、きれいに分離線が引かれた宗教改革記念祭など、意味あることとは言えないでしょう。

一九九九年アウグスブルクで、ローマ・カトリック教会とルーテル世界連盟による「義認の教理に関する共同宣言」の調印がなされました（邦訳、教文館、二〇〇四年十月三十一日）。両教会が今日それぞれの教えを表明するとしても、十六世紀のような拒絶に出くわすことはないと確認されたのです。十月三十一日にアウグスブルクで共同宣言に調印し、共同の公的な確認がなされたことは、ひとつの特筆すべき出来事でした。関与したすべての者には明らかだったことですが、様々に異なる伝統に基づく教理概念がいまや同じひとつの理解を踏まえたものになる、という意味ではありません。しかしこの調印は、なくてはならない歩み寄りの一歩として歓迎されます。問題は、独自のありようを喪失することなしに、エキュメニカルに開かれてあろうとする勇気です。

▼二〇一七年は、エキュメニカルな広がりをもった宗教改革記念の機会となるでしょう。

3　宗教間対話

二〇一七年は、ホロコースト後初めて提題掲示について考える記念の年です。国家社会主義の時代にあって、ユダヤ人に対しキリスト教徒が拒絶の意を表したことは、ひとつの学ぶべき歴史（Lerngeschichte）となりました。残念ながらマルティン・ルターは、キリスト者によるユダヤ嫌悪のおぞましい一例です。

ただそれにもかかわらず、ルターが一五二三年に公にした書には、「イエス・キリストは生まれながらのユダヤ人だった」とあります。これは、当時としては注目すべき見解です。この改革者は、ユダヤ人を高利貸しとするような、反ユダヤの典型的な非難を、「全部うそごとだ」としてきっぱりと退けています。そして、ユダヤ人の悔い改めを阻んできたのは、むしろキリスト教徒の愛に欠けた態度だったというのです。これに関して、ルターは一貫した理解に立っています。「私たちは彼らを犬であるかのように扱ってきた」と記したルターは、さらに力説して、自分も彼らの立場だったら「キリスト者よりもむしろ豚になっていただろう」と言っています。このルターの文書によって、〔当時〕ユダヤのグループの中に、ユダヤ―キリスト教の新しい関係が始まるという希望が生まれました。

ところが、二〇年後の一五四三年、そのルターによるまったく異なる筆致の文書が出版されます。すでにその『ユダヤ教徒とその虚偽について』というタイトルからして、これが誹謗文書の類だとわかります。ルターはその中で、ユダヤのシナゴーグと学校に「火をつけ」、彼らの家々を「打ち壊し」、ユダヤ人を「家畜小屋のジプシーのようにする」べきだと当局に提言しています。そのうえ、「偶像崇拝」の教示を含む彼らの祈禱書は取り上げられるべきであり、ラビたちは講義を禁じられなければならない、というのです。ひどいこと、耐え難いことです。これらの理解しがたい発言の数々は、ユダヤ人が宗教改革の教会を認めないことに対する彼の屈折した気持ちによるとか、「時代精神」(Zeitgeist) によるなどといって正当化できるものではありません。それは、ルター自身とその宗教改革に暗い影を投げかけるものであり、彼の名を負う教会を、恐るべき邪《よこしま》の道に導くことになりました。一五四三年の誹謗文書は、差別と除外と殺戮の正当化に貢献したのです。

ユダヤ―キリスト教間の対話は、キリスト者とユダヤ人の関係について使徒パウロが書いていたことを、新しく発見させるものでした。「あなたが根を支えているのではなく、根があなたを支えているのです」(ローマ一一・

一八)。福音主義教会にとって、それは長く苦々しい学びの歴史でした。今日のドイツ福音主義教会は言います。ユダヤ人を攻撃する者は私たちを攻撃しているのだ、と。宗教改革者たち自身も言ったのです。教会は絶えず改革され続けなければならない。これは、学びの歴史の中で真実として確証された決定的な立ちどころです。

同じことが、ムスリム(イスラム教徒)にまなざしを向けるにあたっても該当します。ルターがトルコ人に対して罵りの言葉を放ったのに対し、私たちは今日共にひとつの国に生きています〔訳注＝ドイツには、トルコ人やトルコ系ドイツ人が多く住んでいます〕。と同時に、全世界のキリスト教徒は、最も迫害されている宗教共同体でもあります。ですから、私たちは対話を必要としており、その対話には神学的な基礎づけがなければなりません。

▼二〇一七年の宗教改革記念祭にあたって、諸宗教間対話が、プロテスタント教会の悲願として明らかにされなければなりません。私たちは自らを変える勇気を十分にもっているのです。

4　四つの「のみ」(Soli)——世俗の時代における信仰のことばの力

二〇一七年、私たちは、世俗化の時代にあって宗教改革記念祭を行います。その際、四つの「のみ」が、信仰について簡潔に言い表し、伝えるための助けとなりうるでしょう。

世俗化は、信仰の意義を説くことをいよいよ困難にしています。たくさんの人々が、宗教改革の国における甚だしい信仰喪失や伝統の喪失を事実確認することから目を背けています。多くの人々が、もはやいかなる形でも宗教と関わりをもたなくなりました。

宗教改革の諸教会は、この挑戦を受けて立たなければなりません。教会は、確かに霊的な生活と聖書的な省察から育てられてきたのです。聖書全体のドイツ語への翻訳、民衆のことばによるミサ、ドイツ語による著作は、ルターにとって主要な関心事でした。これによって人々は、自ら自分の信仰について語ることができました。「民衆を口上で見る（庶民の言葉に注目する）」（Volk aufs Maul schauen）という〔ルターの〕ことばは、人に耳あたりのよいことを言う（ihm nach dem Mund reden）という意味ではありません。〔当時すでに〕いくつの「のみ」があったのか、そしてそれらがこの〔四つの〕組み合わせとして生まれてきたのはいつだったのか、なお議論の余地はあるとしても、この簡潔な表現は、信仰の中心にある肝心なことを伝える助けとなります。

Solus Christus――「キリストのみ」が決定的に重要です。この方こそが（教会ではなくイエス・キリストこそが）、信仰者たちの権威です。

Sola gratia――「恵みのみ」があなたの人生を正当化するのであって、あなたが行うことや成し遂げることではありません。

Sola scriptura――「聖書のみ」が信仰の基礎であって、教会の教義や教理ではありません。

Sola fide――「信仰のみ」が決定的に重要であって、やはりあなたが行う何事も、造りだす何物も、またあなたを人生の中で挫折させるかもしれないものも、決定的ではありません。

▼世俗の時代にあって、教会にとって重要なことは、信仰を伝えるために、宗教改革の遺産としてのことばの力を受け継ぐことです。

5　女性たち

この記念の年は、世界中の福音主義教会の大多数が、按手を伴う職に、そして司教にも、女性を受け入れている最初の祝祭年となります。マルティン・ルターにとって、いよいよはっきりしていたことは、洗礼が中心的な出来事であり、サクラメントだということでした。そこで神はひとりの人に恵みと愛と憐れみを約束し、人生の意味を告げられます。そしてどのような挫折も、人生の邪《よこしま》な道行きも、その愛を取り消すことはできません。洗礼へと立ち返ろう。懺悔の儀、悔悛の秘跡は必要ではない。私たちは救われたのであり、とうに神の子どもなのだ。「私は洗礼を受けた」(Baptizatus sum)。マルティン・ルターは人生のもっとも陰鬱な時期にそうみずからに語り、そこに避け所を見いだしました。

それからルターは、受洗し起き上がった者はだれでも祭司、司祭、教皇であると説きました。そこから、女性への敬意をも導き出すのです。彼女たちは洗礼を受けた。しかるに男たちと同じ段の上に立っている。この位置づけは、当時としては言語道断でした。処女《おとめ》でない女性はきよくないとみなされた魔女信仰の広がる時代です(もっとも、残念ながらルターも、当時の女性観に決定的に距離を置いていたわけではありませんでしたが)。

独身を守る人生は、いわば神の前に認められた天国へのより真っすぐな道だとみなされていました。多くの宗教改革者たちが、自ら結婚に一歩踏み出すことで、家庭の中で、性生活を伴って、子どもをもうける人生もまた、神に祝福された人生だという実例を示しました。それまで独身生活をしていた司祭や修道士、修道女たちの公の結婚は、ひとつの神学的な狼煙《のろし》でした。女性神学者ウーテ・ガウゼ(一九六二年〜。ルール大学ボーフムの教会史家)は、これが「宗教改革にとって根本的なもの、すなわち世に対する配慮や、新しい信仰を例証する具体性を明瞭に示そうとする」象徴行為だった、と説明しています。[*3] たしかに今や国内の福音主義は、ローマ・カトリック教会や正教会と比べて具象的なものは少ないと言われます。しかし、宗教改革者たちは率直に明示したいと考えていたのです。世にある人生は、祭司の人生や修道院での人生と比べても、価値の薄いものでは決してないと。重要なことは、世にある日常の中で信仰に生きているかどうかです。

さて、ルターはこの点で、きわめて現代的に振る舞うことができました。経験豊かな男性像は、その者たちがおむつを洗うとき、それが物笑いの種になるかどうかに関わります。ここで短くマルティン・ルターの生（オリジナル）の声を聴くことにしましょう。

「ひとりの男がやって来て、おむつを洗うか、そうでなくとも子どもたちに接し軽蔑されるような仕事をしたことで、だれもが彼を笑い、間の抜けたやつだとか女々しい男だと彼をみなすとしよう。いや、彼はそのことを……キリスト教信仰に基づいて行っているにもかかわらずそうなのだ。愛する者よ、そのときには言うがよい。だれがここで、最も麗しく他者を笑うことになるだろうか。神が、すべての御使いや被造物と共に笑っておられるではないか。いや、彼がおむつを洗ったからではない。そうではなく、彼がそれを信仰において行うからである。けれどもかの嘲弄者たちは、行いだけを見て信仰を見ない者たちであって、神を地上で最たる愚か者であるかのように、すべての被造物と共にあざ笑うのだ。そうだ、彼らは結局ただ自分自身をあざ笑い、自分たちの狡猾さをもって悪魔に仕える間の抜けた者たちなのである。[*4]」

つまり、こういうことです。人々のつまらないおしゃべりは問題ではない。重要なことは、自分が何者であるかを知っていること、私が私の人生を神の御前に、神信頼のうちに生きていること、そして私のうちにある希望についてその人生に応じて弁明できることです。さらには、子どもたちを大きく育て上げるという課題は、神の創造の御業の一部であり、子どもは男と女の実存の一部です。あるいは、「ふたりが日々の課題をなす中で、どのように互いに接しているか、そのありようが、みずから告白することを信じているかどうかを明らかにする[*5]」のです。

▼二〇一七年の記念祭では、次のことが明らかになります。福音主義教会の目印は、神学的な確信に裏づけされて、女性たちが牧師や司祭でありうるということです。これはかつても大胆な変革とされましたが、今なおそうあり続けています。

6　分裂を超えて結び合う

二〇一七年の宗教改革記念祭は、一九七三年のロイエンベルク一致協約後、最初の祝祭年にあたります。宗教改革運動は、みずから分裂を経験してきました。たとえば最近でも、同性愛の問題をめぐるアメリカのルーテル教会の確執による分裂のように、プロテスタント教会の分裂は繰り返されています。

欧州には、ロイエンベルク一致協約によって、どのような分裂であってもそれを超えて結び合うことができるという強い旗印が与えられました。あらゆる差異にもかかわらず、改革派、ルーテル派、合同教会は、一致協約の土台の上に立って互いを教会として認め合い、職制を受け入れ、相互の聖餐を祝うことができます。たとえ、信仰告白の多様な諸教会によるこの共同性が、しばしば「最小限のオイクメネ」だとして信用されず、カスパー枢機卿（一九三三年〜）が「ローマ・カトリック教会と正教会はこのモデルを共有できない」と表明したとしても。それでもこれは、分裂を超えて結び合うための、現に生きるひとつのモデルなのです。多様であっても、分離してはなりません。

また、二〇一〇年、ルーテル世界連盟によって、宗教改革期に迫害された洗礼派と急進派を視野に置きつつ、その霊的な後継者であるメノナイト派に対する悔い改めと和解の求めが表明されました。

▼二〇一七年の宗教改革記念祭では、ロイエンベルク一致協約を、分裂を超えた結びつきの生きたモデルとし

て取り上げることができます。また、かつて敵対した教派グループ間での和解のモデルもあり、互いに勇気をもって向き合っているのです。そうです、〔急進派の〕ミュンツァーもまた宗教改革運動の一員でした。

7　教育・教養（Bildung）

二〇一七年の宗教改革記念祭は、聖書釈義の歴史的・批判的方法論が広範囲に受け入れられて以来最初の祝祭年です。

中世の表象を背後に押しやりつつ、ルターは「キリスト者の自由」の擁護に向かいました。すなわち、あらゆる女性また男性は、三位一体の神への信仰を独自に告白し、イエス・キリストへの告白を、知解をもって是認することができるというのです。ルターにとって、だれもが自分で聖書を読むことができるというのが成人した信仰の前提でした。そのように成人した信仰者は、日用の信仰告白である小教理問答を、単に諳《そら》んじ知っているというだけでなく、〔他者や次の世代に〕伝えることもでき、そうすることで、信仰におけることばの力をもつのです。そのための基礎は、すべての者のための教育でした。〔経済的な〕余裕があるか、修道会に入会するなどしてそれを受ける機会を得た少数者のためだけの教育ではなかったのです。マルティン・ルターは、「教育の公平性と教育への参与」という主題を公的なものとし、そのために猛烈に尽くした初めての人物でした。ルターには、このことに関して神学的な根拠がありました。信仰は彼にとって、教えを受けた信仰でした。つまり、慣習に由来する信仰でもなければ単に霊的体験に由来する信仰でもなく、福音の解放のメッセージを是認することによる信仰です。信仰が常に教えを受けた信仰であるということは、ルターその人の独自の人生に深く根ざしているということです。聖書のみの徹底的な神学的研究によって、しかしまたアウグスティヌスの著作によっても確認し、ルターは自由をもたらす義認の理解に達しました。ルターにとって信仰とは、常に独自の責任を伴う信仰です。個としてのキリストは、ひとり神の御前に責任を負わなければならず、また、無二の存在として神に愛されました。

教会は洗礼を受けた者の共同体ですが、もはや個々人の「救いの媒体」ではありません。独自の責任を伴うものとして教えを受けた信仰という信仰理解が、すべての民が教育を受ける機会を与えられるようにとルターが公教育に猛烈に没頭した、本質的に神学的な動機だったのです。ドイツの「すべての者のための学校」としての公立学校について、私たちはルターの恩恵を受けています。ルターが女子教育のためにも当たり前のように尽力したのは興味深いことですが、彼の神学的な糸口からたどれば、それは当然の帰結でした。

教育に重心を置くことは、すべての宗教改革者にも当てはまります。メランヒトンは熱情に駆られた教師でした。大学改革をめぐるその努力から、実に彼は「ドイツ人の教師」とも呼ばれています。マルティン・ブツァー（一四九一～一五五一年）は、ルーテル派からも改革派からも教会の教師とみなされています。ウルリヒ・ツヴィングリは、ロッテルダムのエラスムスによって編纂された原典によって新約聖書を読むことができるように、ギリシア語を教えました。ツヴィングリ自身は、当時としては大変な数である一〇〇冊の蔵書を持ち、一五一〇年にはグラールス教区にラテン語学校を創設していました。さらに、ジャン・カルヴァンによって創設されたジュネーヴ神学院があります。それによって、ヨーロッパの多くの地域に改革派の教育運動が広まったのです。

かつて宗教改革の関心事であって、今もそうあり続けていること、それは、考察・省察・熟慮して知解でき、疑問提起がゆるされるということです。けれども今日に至るまで宗教というものは、そうする代わりに「問うてはならない。理屈抜きに信じなさい！」といって態度を規制してしまいます。ユダヤ教、キリスト教、イスラム教あるいはヒンズー教の性格いかんを問わず、原理主義は教養と啓蒙を好みません。原理主義は、宗教改革の核となる次のような使信への対立として姿を現します。「自ら考えよ！　神の命の約束のゆえに、あなたは自由であり、良心においてだれにも隷属しない。また、教義や宗教上の通則にも、信仰を統轄する権威にも依存しない。」宗教改革のもっとも重要な貢献のひとつは、これが教えを受けた信仰を関心事とした点にあるのかもしれません。それは、知解を求め、疑義を追求することのゆるされる信仰であり、キリスト教の信仰書である聖書に関することをも問うことができる信仰なのです。問題は、ただ従順に、慣例どおりに、霊的体験にかなう信仰ではなく、独自の信仰をめぐる個人的な奮闘にかかっています。

今日の私たちは、この基本に則って聖書を読むことは、その書物としての成立を真摯に受けとめ、歴史的・批判的釈義を進めることをも意味すると言うことができます。ヴィッテンベルクにおけるテレビ説教で、私は「エペソ人への手紙をだれが書いたのか、私たちははっきりとは知らない」と発言したことがあります。その後、最近のことですが、ある学生が私に手紙で書いてくれました。

「お助けします、とても簡単ですから。最初に書いてありますよ、執筆者はパウロです。」

▼二〇一七年の宗教改革記念祭では、以下のことが明らかにされなければなりません。宗教改革の教会にとって大切なことは、教えを受けた信仰であり、そこには聖書本文への歴史的・批判的な視野もまた含まれます。原理主義に相対するとき、そこにはやはり折々の勇気が欠かせません！

8　自由

二〇一七年は、ドイツで、いや世界の多くの国家で、教会と国家の分離が認められ、憲法と人権が明言されて以来初めての宗教改革記念の年となります。ルターの自由の概念は、今日の自由のさらなる発展に少なからず繋がっています。私たちは今日、次のことを宗教改革の中心的な業績だと見ることができます。すなわち、信仰と理性を相並んで保持し、教会が長く煙たがっていた啓蒙への道をかえって備えたということです。国家と宗教の分離はお互いにとって良いことだと今日の私たちは言います。「神国」とか「宗教の法的強制」のようなあり方では、自由は求められません。幸いなことに（Got sei Dank）、私たちは自由な社会共同体の中で生活しており、そこでは宗教共同体の一員になることも、ならないことも可能です。これは「キリスト者の自由」にかなっています。それは、国家社会主義の時代における教会の無力の体験、そして権力を意のままにした体験をも経て学ばされた政治的な結論をも含んでいます。教会は、人権が踏みにじられる場所で、自由なことばをつかみ取っていなければなりません。これはまたＤＤＲにおける教会の経験であり、南アフリカ、アルゼンチン、イランなど、全世界における教会の経験でもあります。

▼二〇一七年の宗教改革記念祭では、宗教改革の自由の概念の政治的拡がりをも明示する必要があります。そこでは私にも勇気が与えられますように。

９　義認

二〇一七年、私たちは宗教改革記念祭を能力主義・成果主義の社会で祝います。今日、恵み深い神を求めるルターの問いについて、初めから理解できる人は多くはありません。しかし、自分たちの人生に意味があるのかどうかという問いは、人々を駆り立てます。仕事をする場がなく、十分に稼ぐことができず、見た目も十分にきれいでないことが理由で落ちこぼれてしまうとすれば、人生とは何なのでしょう。命の約束、それをルターは見いだしました。神がすでに久しくあなたに、あなたが成し遂げうるものが何であろうと、変わらない意義を認めておられるのだ、と。これを、私たちの時代に該当するものとして、次のように翻訳することができます。

ルターは、神の御前に救いの権利を獲得するのは人間的な業績ではなく、むしろ神の恵みに由来する配慮であることを発見しました。その意味するところは何か、今日なお私たちは「寛大な措置」(Gnade vor Recht) という言い回しによって理解します。法と規律によれば有罪とされるべき人が、寛容や恩赦をも希望することがゆるされる。これならば、今日の私たちもよく理解できるのです。マルティン・ルターにとって決定的に重大な認識は、イエス・キリストを通して、その恵みのみによって、主を信じる者が受け入れられる、ということでした。自分は神の戒めに従う完全な生を歩む状態にないことを理解するまさにそのときに、人はイエス・キリストを完全に信頼できるのです。それは、法と規律が有罪確定するところ、人が行い、語り、考えて有罪判決を下すところで、神はそうしないという意味です。この体験を、ルターは「恵みのみによる義認」と呼びました。以上のような人が、ルターにとっては義と認められた者なのです。結論にあるのは、自由の体験、地獄やさばきの不安からの解放です。そしてこの自由から、人は今や神の戒めが定めるとおりに生きるために、繰り返し挫折する可能性がある、ということを重々承知しながら、自分でできることを果たすようになります。

経済重視に方向づけられた世界にあって、ルターの解放の体験を、次のように描写することができます。人間の命の口座は、神の前では黒字になります。人が行い、考え、もくろむ何事も、これを赤字に追いやることはできません。洗礼によって、人は祝福の領域にある神の子どもと認定され、もはや絶対に転がり落ちることはありえません。この解放の体験に対する人間の応答が、信仰です。消費とレジャーの文化に影響され、表層的になっているように思われる時代にあって、このことは決定的に重要だといえるでしょう。

▼二〇一七年の宗教改革記念祭では、能力主義・成果主義社会に対する挑戦が勇気をもって指摘されることになるでしょう。

10　十六世紀のメディア革命

たしかに、改革者マルティン・ルターは、深い聖書的洞察と大いなる神学的着想とをもっていました。しかし、その時代のメディアを用いなかったとしたら、宗教改革はあれほどの成功をおさめたでしょうか。

第一に、印刷業を自由に用いたことで、ルターの思想は速やかな広がりを見せました。加えて彼はドイツ語で、しかも短く書いたのです！　ルターは大学の同僚から、どちらかといえばそのために笑われていました。まったく、ラテン語でも長文でもなくまとめられたものが、良い思想でありうるだろうか、と。想像してみる必要があります。ルターの時代まで、議論といえば、せいぜい遮蔽されたサロン内で行われるものでした。それが今や突然「ちっぽけな男」が、あるいは「ちっぽけな女」さえもが、議論に加わることになったのです。マルティン・ルターはベストセラー作家でした。何より、十六世紀にドイツ語で公にされたもののうち、三分の一がルターの筆（羽ペン）によるものでした。ルターの伝記作家ハインツ・シリングは、この改革者が「突出した出版の賜物」をもっていたと書いています。そして「そのことばの力、挿絵と立論の創造的な空想力をとおして…（中略）…ルターは、他に並ぶ者のないほどに、最初のメディア時代の《スター》に上りつめた」[*6]のです。

とにかくルターが速やかに自らの考えを広めることができたために、検閲機関が発禁の決定をしたころには、すでに彼の思想を取り除くことはできなくなっていました。書籍の刷数は増える一方で、片面刷りの印刷物も大変な需要を見いだしました。「ルターのプロパガンダ」[*7]に対して、反対派のパンフレットもまた、すぐに後追いしました。たくさんの人々が文字を読めなかったために、カリカチュア（戯画）が生まれました。ときにそれは悪意ある風刺画となり、激しいカリカチュアの争いが起こります。一方のルターは、常にクラナッハの肖像画の影響を受けた姿の英雄として立ち、「教皇至上主義者ら」(Papisten) は悪魔の協力者として描かれました。また一方では、まさにそのルターが教会を破壊する悪魔とされるのです。「炎上」の嵐 (Shitstorm) の内実が当時すでにあったのであり、ルターはその渦中にいたと言えるでしょう。

ヴォルムス帝国議会（一五二一年）の期間中、このメディア対決は最初の極みに達します。たとえルター最大の創作時期がようやく一五二〇年から始まるものであったとしても、この年にはルターの三大文書が、そして何より翻訳聖書が巨大な発行部数に達しており、すでに帝国議会時には、議論の動向がどれほど公のメディアによって左右されるかということは明らかでした。なお教皇庁の学者らによって、委曲を尽くした態度決定の文書が練り上げられていた一方で、ルター信奉者による、まるで教皇付の学者の見解であるかのようなパンフレットが広められていました。「英雄がそこに立ち、発言の撤回はしなかった。」勇敢なルター像は、いわばすでにここに据えられていたのです。「われここに立つ、他の何もなしえない。神よ、われを助けたまえ、アーメン。」

私にとってそれは、今日の新しいメディアを安心して用いてよい、というひとつの例証です。たしかに、当時のかなりのカリカチュアは、今日の私たちの感覚からすれば「ポリティカル・コレクトネス」に沿うものではありませんでした。しかし、いわゆるソーシャル・ネットワークにあって人々を煽り立てる多くの表現もまた、まったくもって「社会的」(sozial) なものではありません。プロテスタントの人々は、真理をめぐる争いが好きだと言われれば、たしかにそう、それで結構です。しかしひとりの人の尊厳をこき下ろすことは決してゆるされない。このことは、かつてと同様、今日にも言えることです。

▼私たちは、良い知らせ（福音）を世界に広めるために、意識して批判的に新しいメディアを用いるべきでしょう。最後になりますが、改革者ルターは、福音がユーモアを伴って説き明かされうることをすでに知っていました（そこで、宗教改革五〇〇年記念ソックス、はちみつ、ルターのプレイモビールのお知らせを）。

注

1 Hartmut Lehman, Die Deutschen und ihr Luther, FAZ 26. 08. 08, Nr. 199, S. 7.（ハルトムート・レーマン「ドイツ人と彼らのルター」、二〇〇八年八月八日付フランクフルター・アルゲマイネ新聞、一九九号、七頁）

2 Heinz Schilling, Martin Luther, München 2012, S. 26.（ハインツ・シリング『マルティン・ルター』ミュンヘン、二〇一二年、二六頁）

3 Ute Gause, Antrittsvorlesung, unveröffentlichtes Manuskript, S. 2.（ウーテ・ガウゼ教授就任講義、未発表原稿より、二頁）

4 EL WA 10, 296f.（Scharffenorth. S. 219）（ヴァイマール版ルター全集第一〇巻、二九六頁、シャルフェンノート、二一九頁）

5 Gerta Scharffenorth, Freunde in Christus, in: Freunde in Christus werden…, hg.v. Gerta Scharffenorth und Klaus Thraede, Gelnhausen 1977, S. 183ff.; S. 220.（ゲルタ・シャルフェンノート「キリストにある友」、ゲルタ・シャルフェンノート他編『キリストにある友となる……』所収、ゲルンハウゼン、一九七七年、一八三頁以下および二二〇頁）

6 Heinz Schilling, Martin Luther, München 2012, S. 620.（ハインツ・シリング『マルティン・ルター』ミュンヘン、二〇一二年、六二〇頁）

7 Ebd. S. 241.（同書、二四一頁）

＊一九六頁の絵は、http://www.calvin09.de/1960-0-105-17.html より Gabriele Mucchi, „Versöhnte Einheit“（ガブリエーレ・ムッチ『和解を与えられた一致』）

Ⅳ　現地研修

いわき市の日本キリスト教団常磐教会を含むフクシマ訪問メモ

マルゴット・ケースマン

二〇一六年四月二十六日、チェルノブイリ原発事故三十年目の年に。

案内してくださったのは明石義信牧師。

教会の保育園を案内しながら明石牧師が語るには、子どもたちは震災後一年ものあいだ、外で遊ぶことが許されなかった。震災を経験し、今日もまだそれを忘れることができない両親の不安が子どもたちを変えてしまった。子どもたち自身も不安であり、運動神経は望まれるようには発達せず、声も力強くない。しかし、両親たちがいっしょに建てた新しいジャングルジムは、子どもたちを変えた。子どもたちに自信が芽生え、大きな声で笑うようになっている。この保育所では一貫して放射線濃度がどれだけ高いかを測定し続けている。

若い母親の不安は以前に劣らず大きい。それは私にもよくわかる、しかしなぜ不安であり続けることになるのかと問わずにはいられない。人々がこの地を出て行く多くの理由があると、この地で活動している若い女性が熱心に説明してくれる。ここでは二世代、三世代がいっしょに住んでいる。若い母親は出て行きたいと思っているかもしれない。でも夫や両親はここにとどまりたい。この地の家族は全部ではないが、五〇〇年以上も住み続けていて、ここが故郷だ。年を重ねた人々は、いつものように喜んで植えつけて実った、こんなにも美しい野菜が健康に悪いのか理解したくない。家の大黒柱は、七〇名もの従業員を抱える会社を持っている。この地を離れるべきだろうか。また福島県全体が汚染地域とは認定されてはいない。だから普通の家庭が、補助金も出ないのに、ここを出て行くことは経済的に難しい。

明石義信牧師の案内で教会の保育園を訪問

政府は不安に対して対策を取ろうとしているが、住民の不安の根拠については何もしていないといえる。だから若い女性たちが放射線を測り始めたのだ。そしてどのように計測するのか、どこの場所を、どの時に計測するのかを学んでいった。メディアは「右へならえ」の認識であり、政府は常に警報解除の報告を流す。このことが不信感を植えつける。とりわけＴＥＰＣＯ（東京電力）は震災以前には、故障に関しては常に遅れて伝え、あるいは市民たちが圧力をかけなければ、知らせてこないこともあった。一方で、多くの人々は政府が言うことをそのまま信じる。しかしたとえば、政府は砂浜を遊泳のために開放するが、そのときに言わなければならないのは、子どもたちが砂浜で遊んではならないということではないのか。なぜならば、一〇センチ以上砂を掘れば放射線濃度が非常に高いからだ。市民たちの計測は少なくとも事実を明るみに出す。問題は具体的数字なのだから。

明石牧師は、自殺率が高い、とりわけ展望が開けないと判断している避難者の間で高いと語る。これらの死者は震災の犠牲者数には数えられない。震災当日の後で、地震か津波が原因で死んだ人たちも、数多くは犠牲者には数えられない。多くの老人が、帰還困難区域ではなくても汚染されていることがわかっている場所にただ戻る。彼らはどうせじきに死ぬのだから、少なくとも自宅で死にたいのだ。帰還困難区域の一部は二〇一七年三月には解除されるということだ。

この常磐教会は、最初は炭鉱労働者の教会であったと明石牧師は言う。教会自体も今回の地震で破壊され、多くの支援で新たに建設された。そして今日、避難者や、立ち退きを余儀なくされた人々のセンターになっている。政府は震災五年後にはすべてが解決されると主張した。それは、この地域をそれとして保つためであり、このような美しい海岸への観光をこれ以上損なわないためだ。そして多くの人々は放射線被害について、もはや知りたくないし、無視したいし、向き合いたくない。

政府は、この件について福島県だけが直面しているかのような政策を行う。風や雨は放射線被害を広範囲に拡げているが、それについては全く沈黙している。破壊された原発からはいまだに冷却水が太平洋に流れ出ている。高濃度の放射性物質がカリフォルニアの海岸でさえ計測されている。原発経営者TEPCOは、排水はもはやそんなに危険ではないと言う。汚染が時折なぜ高くなるのかは説明されないか、後になってから謝罪する。

TEPCOはここに学校を建て、市役所を建て、サッカー場を建て、多くの仕事場が今日に至るまでこの企業に依存している。多くのことが不透明な権勢欲の中に織り込まれている。

教会の集会室でのレクチャーに続いて、放射線測定器を携えて、いわき市（三五万人の人口があり、面積から言えば日本で七番目に広い都市）から高速道に乗り、福島第一原発方面へと出かけた。いわき市は福島県の県庁所在地である福島市から一五〇キロ離れているが、原発からは四五キロしか離れていない。身につけた小型放射線測定器は毎時〇・〇三マイクロシーベルトを示し、車中に置いた大型計測器がピーピーなる信号音は、じきに明らかに速度を増し、毎時〇・一二マイクロシーベルトを示す。窓の外には素晴らしく美しい、山のある、花の咲き乱れた混合林の景観を見ることができる。加えて壮大な海岸、以前の観光地が見える。身につけた測定器はその間に〇・三七を測定。道の脇には測定器が立てられており、〇・一を示している。ドイツ連邦放射線保護局によれば、この数字は五時間そこに滞在しても危険ではないという数字だ。どのくらい長く、どのくらい頻繁にそこにいるかによるのだという。車中の測定器は一・九まで上がり、連続して信号音を出し始める。道路脇でも〇・六が示される。二キロぐらいはそのままであったが、それから一・九から〇・二まで下がり、放射性降下物は明らかに場所によって異なっている。

さらに走ると、柵で確保されている封鎖区域が見て取れる。左側には汚染塵芥や汚染土の巨大な堆積場にビニールシートがかぶせられている。車中の計測器が狂ったように警音を出し始める。二・五まで上がっている。外は輝かしい春の気候だ。放射線のことを何も知らなければ、ここで休暇を過ごしたいと思うことだろう。人々が不安になるのが理解できる。薄気味悪い話だ。道の両側は左も右も空き家で、五年の歳月が経ち、花のある庭の真ん中は荒廃し始めている。道に立っている測定器はなんと四・二の放射線量を示しているではないか。右も左も至るところに幾数千の切り取られた汚染土の袋が置かれている。車中の計測器は長い警音を送っている。

福島第二（原発）は、ありがたいことに地震と津波が起こる前に稼働を停止していた。ＴＥＰＣＯが言うには、一〇メートルから一二メートルの津波は想定外であった。しかし環境問題を扱う市民グループはすでに、福島第一原発は津波に対してもちこたえられないので、稼働を停止すべきだと警告していた。それで、ＴＥＰＣＯが故郷を失った人々に対して、そして引き起こされた災害に対して損害賠償を行うべきかどうかについて裁判となっている。

私たちは国道一一四号線を海に向かって走る。計測器は決定的に狂ったように鳴り続ける。道路の左も右も、大きな素晴らしい家、しかし空き家が並んでいる。なにか不気味だ。元は店であったところが見える。空っぽの駐車場のあるスーパーが浪江町というところにあった。「ゴーストタウン」である。多くの家々はまったくの新築に見える。

そこからやっと二年前に再開通した、海岸に沿う国道六号線へと曲がる。開通といっても車だけであり、自転車や歩行者は通ってはいけない。驚くべきことに、計測器はまもなく〇・一二へと下がる。道路を横切る交差点は右と左も今はすべて閉鎖されている。計測器は、無人の給油所で二・二に上がる。錆びてボロボロになった車と咲きほこっている桜の木々を通り過ぎて走る。至るところで汚染土を運び出している男たちをだれが防護しているのだろうかと問わずにはいられない。また、あちこち左に右に警官が立っており、だれも閉鎖地に入って行かないようにと見張っている。彼らもまた放射線にさらされている。いよいよ私たちは福島第一原発へと入って行く通りのところに来た。車中の計測器は三・三に上がり、最後は四・八まで上がる。しかし私たちは、この入り口がどのくらい汚染されているのかを知る必要があるので、車を降りた。車の外は一二・四である。それから一三・一へと上がる。道に建てられている公の計測器は三・九を示している。

立ち入り禁止区域を出て、景色の良い所へと向かう。ここは人々が再び住むことを許されているのだが、計測器はいまだに車中でさえ三・九を示す。そこから夜ノ森、原発から一〇キロ離れたとても美しい小さな町へと来た。夜ノ森とは「夜の森」という意味だそうだ。見ることができたのは桜の木々の並木で、花はちょうど盛りを過ぎたところだ。そこではすべてが見捨てられており、すべてが閉鎖されており、計測器の音以外は何も聞こえない。道の片側は帰還準備区域とされている。私たちを案内してくれている佐藤さんは、年金生活になってから明石牧師と組んでいるのだが、土壌検査をそこで行う。携帯用土壌計測器で、キロ当たり一三〇〇〇ベクレルと計測された。他方、立ち入り禁止区域では一一〇〇〇ベクレルしかない。まったく不条理きわまりない。帰還区域が道の左側、右側は立ち入り禁止区域という判断で、しかも帰還区域の側のほうが立ち入り禁止区域よりも負荷が大きいのだ。人々が政府を信用しないのは当然だ。

最近になってやっとここへは立ち入ることができるようになった。木蓮が咲きほこっており、ぺちゃんこになったタイヤを履く車は錆びている。ある家のバルコニーにはまだ洗濯物が干してある。おそらく急遽、避難が行われたのだろう。夜ノ森は無人で、死のような静けさの、花の盛りの町。このことを私は不気味に感じる。感じの良い小さな店の駐車場は、押し並べて草が生え茂りつつある。実に薄気味の悪い静けさだ。道路をリスが横断していくのを見た。動物の世界はどうなってしまっているのだろうか。東京にあるドイツ語教会のガブリエル・チーメ＝ディートリッヒ牧師は、大半はあまりに急いだ避難であったために犬たちを置き去りにした家族があるが、その犬たちは街を徘徊していると言う。何軒かは明らかに地震で破壊されており、多くはもう直す術がないのに、ある家は完全に無傷だ。信号はまだ機能しており、点滅している。ある店には衣服がショーウィンドウに掛かったままだ。道にある計測器は二・一を示す。

無人の夜ノ森で

五キロ先で立ち入り禁止区域は終わった。そこでは生活がほとんど普通に行われているようだ。計測器は〇・二九を示す。あめんどうの木が花盛りだ。私たちは、ホテル、キャンプ場、大きな子どもの遊び場が、太平洋に面してあるリゾート地に寄った。そこは雄大な場所だ。

しかし人っ子一人いない。私たちは海岸から陸地のほうを見たときに、それがどうしてなのかがわかった。膨大な量のプラスチックの大袋（フレコンバッグ）がこの海岸に貯蔵されているのだ。幾千個の単位で、その上にプラスチックの幌がかぶせられている。私たちのいる高台に建てられている標識には、一〇メートルの高台だと書かれている。別の標識には、津波はここでは高さ一〇・五メートルにもなっていたと書かれている。近くの村々は、太平洋を見渡すことのできる、なんとも素晴らしい家々が建っているのが見える。すべてが捨てられている。海には三基の風力発電機が見える。標識には「福島の未来」とある。しかし原子力による破滅あるいは核の被害については何も書かれていない……。

その日はいわき市に戻った。計測器は〇・一三を示す。この街の海岸線は七〇キロメートルにも及ぶ。そこに添ってアスファルトの防波堤が建設される。巨大な堤防施設が建設されるのだ。やがて太平洋は見ることができなくなる。すべてのことから、ある種の無力感が漂う。汚染土は永久に貯蔵しておくわけにはいかないし、堤防は一〇メートルの高さにするわけにもいかないだろう。安倍首相はこの地方を訪問して、ここの魚を露骨にも食べて見せたと、私たちの研修旅行の引率者菊地純子さんは教えてくれた。また明らかに大金をこの地方につぎ込み、政府がすべてを掌握していることを示そうとしているという。「福島ではすべてうまくいっている」と……。

いわきは夜になった。なんというすばらしい地域なのだろうか。山に囲まれている一方で太平洋に開いていく。気候は穏やかで、夏も二八度ぐらいまでしか上がらない。放射能汚染は見えない、臭わない、ただ計測器だけがさらに警音を出している。不気味なことだ。

私はＥＫＤのアジア担当幹事のクラウディア・オスタレクと、バベルの塔の話をここで神学的に理解することができるかどうか思案した。そうなのだ、すべてを掌握していると考えている人間の問題なのだ。人間は自分たちが呼び出した亡霊を制御することができないのだ。助けになることはただ一つだろう。説明を尽くすこと、透明さを保つこと、それによって信頼は育つ。損なわれた人々と、損なわれてしまった構想への償いになること、もし償いになるとすれば、どのようにして、核汚染されてしまった未来の対抗軸を見つけることができるか、だ。

そして私たちみんな、ちょうど今日で三十年を迎えるチェルノブイリ原発事故に思いが向く。「ここで同じ破局を見る者は、日本でなぜとっくにすべての原発を止めなかったのかを理解することができない。」ラインランド州教会から私たちの代表団に加わったヒッレ・リヒャーズさんは、そう言う。

学校敷地内での放射線量調査

四月二十七日になり、まず午前中の学校の運動場（小名浜第一中学校）を計測予定の母親のグループに同行した。学校にある公式測定器は〇・一二マイクロシーベルトを示しているが、彼女たちの測定器では〇・二を計測。役所の見解では、〇・二三までは心配不要であるとのこと。しかし環境保護グループは、〇・一八以上になると危険であると言う。私たちは計算してみた。〇・一二で、すでに一〇五二ベクレルの放射線の強さがある。ドイツで放射線に携わる労働者が被曝を許されるのは二〇ベクレルだから、五十一倍の値となる、とスイスのアールガウ州教会の役員会議長が計算した。

「計測の目的は何なのですか」と、私は計測する千葉由美さんに聞

「たらちね」で

く。「子どもたちの安全です」と母親たちは言う。しかし、子どもたちはもっと不安にならないだろうか。ある日には校庭に出ることを避けなければならないが、他の日は避けなくても良いなどというのでは。放射線は来ている。それを避けることなどできない。この美しい春に、このすばらしい環境で、千葉さんの言うこのような「見えない敵」と向かい合うなんてことは変ではないのか。「そうですよ」と母親の一人は言う。彼女の娘は、給食があるのに自分でお弁当を学校に持って行くと、そのことで、批判的に見られるという。それも教師からもそう見られる。不快だ。でも、どの母親も自分の子どもを守ろうとしないだろうか。

女性たちは、校庭で採取した土壌を本格的な土壌測定器のある「たらちね」の事務所に持ち込む。「たらちね」とは母親という意味だ。震災でショックを受けた母親たちが、ここに測定所を設立したのだ。人々は自分の庭で、心配することなく野菜を植えるために、庭の土をここに持って来る。それ以外にもここには長椅子があり、そこで全身の放射線汚染を測ることが可能だし、子どもたちのための特別な超音波測定器を備えた感じの良い場所もある。この街いわき市では、白血病、甲状腺癌などの病気の数は明らかに増えている、と事務局長の鈴木薫さんが報告してくれた。また普通なら成人にしか知られていなかったような膠原病が子どもたちの間で増えている。「加えて」と事務局長は続けた。「精神的な負担を負い、睡眠障害のある多くの子どもたちに抗うつ薬が処方されている」と。鈴木薫さんは、震災前は母親としてまったく普通の生活をしていたが、今では毎日ここへこの事務所に来ているという。すべてが変わってしまったのだ。

実験室ではストロンチウムとトリチウムが計測されている。実験室の責任者の天野光さんは、以前原子力学に従事していた。彼はそれまで測定に数週間かかっていたことを四日で行うための方法を開発した。この研究方法は最近公表され、認められている。

いわき市にある福島第一聖書バプテスト教会で

研修旅行の最後にいわき市にあるバプテスト教会を訪問した。この教会は福島第一原発から五キロのところにあった。地震の後、避難命令が出され、七〇〇〇〇人が数時間の間に避難しなければならなかった。主任牧師の佐藤彰さんはこの件について本を書いている。そこに書かれているのは、どうやって地震や津波で亡くなった教会員の一人ひとりを葬り、他の会員を日本全土に分けて避難させたかということだ。二〇一五年五月に旧会堂のある場所から六〇キロメートル離れたいわき市に、新たな教会堂を建てた。その形は鳥のようで、翼を広げ、旧会堂のある故郷へ皆を飛んで行かせる姿だ。特に感銘を受けたのは、特別な許可のもとに、教会員たちが防護服を着込んで、すでに故郷に葬った死者の骨を立ち入り禁止区域から持って来て、新会堂の中にある納骨堂に安置したことだ。

私たち、ドイツ人四人とスイス一人、四人の付き添ってくれた日本人の小さな派遣団が帰途につくときに、私たちは明石牧師に、四月二十六日からの短い期間で放射線汚染を記録した旅程の印象を聞かれた。ＥＫＤディアコニアのウルリッヒ・リリエ議長は、「あそこでは一年の放射線汚染限界値の半分以上を得ました」と答えた。私たちはみなここを去る。一年の間になす数多くの長時間飛行でも汚染限界値にはまったく届かない。多くの人々はこの美しい風景に戻って来る。彼らの多くはただ闇を押しのけたいのだ。そして進んで政府の慰撫を信じるのだ。それ以外に、どうやって、ここで住み続けろというのだろうか。

二〇一六年四月二十七日　東京

フクシマ報告

ウルリッヒ・リリエ

桜の満開のなごりの春、景色の素晴らしい、東京から北へ一六〇キロは優に距離のある緑の地方での忘れることのできない日々。しかし外見はあてにならぬ。車中のガイガー計数管（放射線測定器）は、私たちが衣服に付けさせられた小型測定器と同様に大きくピーピーと鳴っている。それは、このうっとりする景観の中で、嗅ぐことも、聞くことも、味わうこともできないものを私たちに示す。

二年ほど前から再び開通した高速道路上で、素敵な背の高い竹林やカサ松や他の松、そして落葉樹を含む、明るい色、濃い色の様々な色の素晴らしい混合林を過ぎ、咲きほこる木蓮のそばを通っているとき、測定器は鳴った。私たちは、福島県の、生物が生存できない、行ってはいけない地域（NO GO Area）を旅している。昨日は世界中でチェルノブイリ原発事故の三十年記念日を思った。私たちがここでこれから二時間余り、福島第一原発の周り一〇キロメートル四方で見ることは、この地で、政府の方針で自分たちの家に戻り、（だから被害がそんなにないはずである）生活を再開する人々が必ずその後三十年は関わることになる事柄だ。

私たちは車で、まだ閉鎖されているゴーストタウンの住宅街に行く。富岡では夕空の中、不気味な無人の街の街路樹として桜が、日本独特の桃色、私たちがみなプラカードや写真でよく知っている色に、最後の花を咲かせて輝いている。私たちは停車し、うち捨てられた道に降りる。そこは閉鎖柵が、無人の家々や店の前に、道の右にも左にも整然と入念に据えられている。そこは、放射線から避難した人々が自分たちの車や自転車を置き去りにしなければならなかったところだ。

道を挟んだ住宅街の片側の家に行ってみた。降ろされている黄色いプラスティックのブラインドの下から見えたのは、あたかもここで、今日の午前中には散髪されるか、髪が染められたのではないかと錯覚する光景だった。しかしこの美容室はこの五年間だれも立ち入ることは許されなかったのだ。その隣の家では、庭に小さい社《やしろ》が大事そうに建てられていた。場所は居間の外側のテラスの前で、少々荒れてしまったけれども、写真でよく見るとおりの、日本の観賞用庭園の一部だ。ホコリと雨で汚れてしまった大きな居間のガラス戸から見えたのは、机の上に開かれた新聞だ。幾つかの隣家の屋根は、五年前の三月一一日に大きな被害をもたらした地震によって亀裂が入ったが、住民がブルーシートや土嚢でそこを塞いでいた。しかしほとんどの家は見たところほとんど損傷はなく、眠りに落ち込んでいるかのようだ。

静寂の街となった夜ノ森

この生物が生きていけない環境の中に住み続けるならば、人々は数時間の間で、一年に被曝許容可能な放射線濃度を軽く超えてしまうことになる。またこの立ち入り禁止区域の周辺の町々や村々での低濃度の放射線被曝も、長期間になると健康上無視することはできない。

非営利法人「たらちね」と連携しているママベク（いわきの初期被曝を追及するママの会）は、日本キリスト教団のある教会から支援されて、日本政府の発表する、信用できない公表測定値に対して定期的に地域の土地を採取し、空間線量を測っているのだが、その様子はすでに熟練の域に達していて、手袋、ブリキのバケツ、小さなシャベルを装備し、ここでも必要な量の土壌を道路の右側の帰還困難地域から採取する。そこはやたらに人や車が入ってはいけないところだ。彼女は採取した土壌をプラスティックの箱に入れ、車のトランクに入れて運んで来て、測定器で測定する。一キロあたり一二四〇〇ベクレルを計測。次に彼女は、左側にある、公の再検査によって帰還区域となり、政府の意思では数か月後に住民が帰還することになっているところへ行く。ここの土壌ではなんと一三一〇〇ベクレルを測定。彼女が言うには、雨が降るごとに、また風が吹くたびに数値は毎日変化するとのこと。

トランクに測定器のある私たちの車が駐車した横には、太陽光で動かしている公の測定器（モニタリングポスト）が据えられている。これは、この地域では道路や公共施設の前の至るところで見ることができる。この測定器はこのとき、私たちの真横で毎時二・一マイクロシーベルトを示している。多くの人々はこれらの測定器を信用していない。しかし、そうであっても二〇マイクロシーベルトですら、ドイツで放射線に携わる職業の人に許容されている一年分の値だ。この量に到達するためには、これらの住宅の一つに一日滞在することで足りてしまう。測定器を読むことのできない鳥たちが夕方のさえずりを始め、私たちがのぞき、写真を撮っている、不気味にも繰り返し大きくピーピーと鳴る測定器と合唱している。私は、閉鎖された家々や、柵の背後で隔離され、閉鎖されている無人の長い道路を見るとき、眠り姫の話で眠らなかった唯一の人間になったような気がしていた。

再び車に乗った私たちは、この五年間一台も車が入って来なかった給油所の前を通った。時代遅れとなったモードを、ホコリまみれのショーウィンドウに飾っている衣料店や、もはやだれも取りに来ない物資を構内に置いている工場。この汚染された舞台を処理するのだ。あるいはこの舞台は——明らかに以前と同様に政府の計画ではそう見えるのだが——童話の話のように、じきに戻って来る住民から眠りを覚ますキスを受けるのか。これには私たちの案内者、同行者たちは懐疑的だ。震災後これまでだれも帰って来なかった。多くは現政府の政策を信用していない。他の人たちは、できるだけ早く復興し、動物たちだけが残され、だれも住んでいないこの地を正常化するという政府の政策を信じ、欲している。この間に、五年前から置き去りにされた犬たちが野生化している。

私は自分の人生でこれまで多くの旅をし、多くの街を歩いてきた。けれどもその多くを私はもう覚えていない。ところが、この徐々に荒れ果てていく、汚染された小さな街富岡の無人の町並みを夕方に歩いたことは決して忘れないだろう。

福島地方への旅

クリストフ・ヴェーバー＝ベルク

チェルノブイリの原子力発電所事故からちょうど三十年後のこの日に、私たちは福島地方を訪問しました。福島から約一六〇キロメートル離れたいわき市まで、東京から電車で移動しました。いわき市では、まず、その地域の常磐教会を通して諸教会の支援を受ける保育園を訪ねました。保育園の前には、大きな木製の家が建てられており、外でほとんど遊ぶことができない子どもたちに体を動かし、楽しむ機会を提供しています。

続いて、常磐教会から昼食に招待され、素晴らしいもてなしを受けました。私たちが交流した教会の建物は、震災の後、将来の地震により耐えられるように、木材を使って新しく建てられたものでした。

机を囲んでの会話はすべて、原発事故についてのものでした。原発事故がこの地方の人々の生活を、現在に至るまで圧迫しています。一つだけ例をあげるならば、この地方の子どもたちは、平均的に、身体的にも精神的にも日本の同世代の他の子どもたちほどは成長していないということです。子どもたちは、外で遊ぶことが少ないだけでなく、食事をしたり遊んだりするときにも、自分たちを放射線から守ろうとする両親たちの絶え間ない不安に向き合っています。こうして、子どもたちは、絶え間なく制限され、それが彼らの発達にネガティブな影響を及ぼしているのです。子どもたちは親の不安を引き受けています。

そして、政府は不安の原因ではなく、人々の不安を処理しようとしています。人々は問題について語ろうとせ

常磐教会で

ず、むしろそれについては黙り、本当は、今やすべてが再び良い状態であるかのように語ろうとしています。行政の信頼を知らしめるために、学校では地元の野菜が調理されています。汚染されているかもしれない地元野菜を食べさせることが心配で、子どもたちに自分で用意した食事を持たせると、その子たちがアウトサイダーにされてしまうのです。

私たちを一日中、案内してくださった女性はこれを経験していました。この女性は、他の女性たちと一緒に、様々な場所で放射能を測定し、積極的に活動しています。この活動のために、彼女は自分たちで団体（いわきの初期被爆を追及するママの会）を立ち上げ、他のお母さんたちと放射線測定センター（認定NPO法人いわき放射能市民測定たらちね）の設立に加わり、協力し、ホームページも開きました（http://maeveherb.jugem.jp/）。彼女は、政府が公表している値よりも、自分たちの測定値のほうがいつも高いと断言しています。政府が状況を相変わらず美化していることが推測されます。もちろん、いわき市の生活は、見た目には普通のように思われます。放射能に、より高濃度に汚染された地域からここに移り住んでいる人々も多くいます。

私たちは、いわき市から車で北へ行き、そこから東へ移動しました。私たちの何人かは線量計を持たされました。それらは時間が経つと頻繁に、そして激しく鳴り響きました。いわき市の車内では、最初は平均〇・一マイクロシーベルト／毎時でした。高速道路を走って東京電力福島第一原発に近い双葉町まで来ると、線量計は車内で二・四マイクロシーベルト、さらに瞬間的には四マイクロシーベルトまで上昇しました。

高速道路には表示板があり、浪江町からの出口の近くでは四・二マイクロシーベルトと表示されていました。

私たちの国では、放射能を扱う職業に従事する労働者の年間線量の上限は二〇マイクロシーベルトです。すなわち、福島原発のそばに八時間から一〇時間滞在した人は、定められた年間線量の限度に達することになります。

私たちは、およそ三時間から四時間はそこにいました。

心配すべきは、労働者たちがここでブルドーザーやショベルカーを使って汚染土を除去し、大きなビニール袋に詰める作業に従事していることです。これらの袋は、様々な場所に積み上げられ、ビニールシートで覆われています。これらがどうなるかは不透明です。

高速から東へ、そして南へ、国道六号線を浪江町から大熊町に入り、福島第一原発のある地域にやって来ました。住宅はすべてひと気がなく、入り口は通行止めになっていました。ガソリンスタンドや商店は閉まっています。しかし、そこにはまだ自動販売機があり、その中には、五年前のコーラ、アイスティー、飲料水が入ったままでした。

住宅の前には、パンクした車が放置されていました。バルコニーは洗濯物が干されたままでした。あちこちに地震の爪痕が家々に見られましたが、比較的多くはありませんでした。しばしば、切妻屋根が裂けて、屋根が壊れていました。屋根は、ビニールと砂嚢で応急の修繕が行われています。停車したり自転車に乗ったり、歩行したりすることは禁止されています。けれども、地面がショベルカーで掘り上げられていました。進入禁止となっている通りには、マスクをした警察官が立っています。禁止されているにもかかわらず、国道六号にある原子力発電所から二キロメートルの入り口で、私たちは放射線を測定するために車を降りました。地表付近で一三・一

福島第一原子力発電所をのぞむ

マイクロシーベルトでした。

たとえ短時間では危険でないとしても、神経質になってしまいます。特に、警察官がやって来るのではないか、と。しかし、この辺りの車の通りはわずかで、警察官もいませんでした。静けさがあり、あちこちで鳥がさえずっていました。春の終わりの季節で、あちこちに桜の花が残っているのがまだ見られました。新緑が芽吹き、遠くには太平洋が見えました。

私たちは、引き続き、荒涼としたゴーストタウンを通って走り、国道六号線から太平洋の方向に、富岡町に向かって曲がりました。

この町沿いに避難指示区域の境界線が走っています。辺りを見るために、私たちは町の真ん中で車を降りました。日本の友人たちが土壌サンプルを採取し、測ってみると、道路脇〔編者注＝避難指示解除準備地域側のほうが高く〕の一キロの土壌あたり約一三〇〇〇ベクレルありました。

平均的に人が受ける放射線量は約四〇〇〇ベクレルです。もし七〇キロと計算すると、ここの大地は、平均的な人間の約二三〇倍の放射線を出していることになります。道の角で、ある線量計は二・一マイクロシーベルトを表示しています。福島第一原発から直線で一八キロメートル離れています。これは、スイスのレンツブルクからゲースゲンまでの距離に比較できます。

このゴーストタウンの印象は後々まで記憶にとどまっています。放射線量の数字は抽象的な記憶です。具体的なものは、通りの角にあるひと気のないカフェの印象です。外からも、カフェのソファや机のある建物が見えました。窓や階段には、庭に飾る人形があり、すぐにでもだれかが来て、「ここでいったい何をしているのか」という質問をするのではないかと思いました。

しかし、だれも来ることはありません。私一人です。そして、鳥がさえずり、午後の遅い時間の太陽に、赤い楓の葉が逆光で光っていました。目抜き通りには、桜の木の長い並木道があります。二週間前まで、見事に咲いていました。散った花びらが地面に横たわっていました。別の通りの角には薬局がありましたが、入り口は閉鎖され、前庭には裂け目から雑草が生い茂っていました。

交差点では、信号機が赤色と黄色に点滅していました。電力は、後に私たちが見ることになる近隣の火力発電所から送電されていました。私たちが見ているものには、美しさとやりきれなさが奇妙に混じり合っていました。映画の中のような奇妙さですが、現実です。私は、この印象を記憶の中にしっかりととどめました。原子力発電は、エネルギー源として絶対に選択肢とはならない！

ここを立ち去らねばならなかった人々に与えられた苦しみ。障がいのある子どもを持つ家族の苦しみ。そのような出産の確率は、現在上昇し始めていると聞きました。甲状腺がんを患う人々の苦しみ。彼らには、原子力発電所事故との関連性は証明できないと告げられています。この地域に生きる動物たちの苦しみ。何十年も、あるいは何百年もの間、残される不面目。その間、ここで生活することはできません。諸々の影響を前にした無力さ。汚染された土壌の入った袋の処理に対する困惑。これらすべてのために必要な費用をどうするのか。このような事故が起こるリスクを負うことはもはやできません。たとえ、私たちの国でそのようなことが起こりえる可能性が非常に低いものであったとしても、日本人も、そのように信じていたのではなかったでしょうか。

楢葉町の「みるーる天神」で

太平洋の岩礁の上にある、キャンプ場もある素敵な公園に向かって私たちは車を走らせましたが、その途中のひと気のない地域は、かつては人々が住んでいたにちがいありません。レストラン、ホテル、商店、素敵な住居、別荘など、すべてが荒涼としています。ひと気のない公園からは、太平洋の海岸沿いに、少なくとも北に向かってとても素晴らしい景色が見られます。

南側には火力発電所があり、現在、全力で電力を生産しています。すぐ横には、汚染土をいっぱいに詰めた袋の巨大な保管場所があります。展望所に案内板があります。私たちの日本の友人たちは、そこに汚染土の袋については何も書かれていないと教えてくれました。その代わり、この地域を津波から守る堤防が海岸にできることが書かれている、と。北方を望み見る他の展望所には、良い天気の日であれば見ることができる福島第一原子力発電所についても何も書かれていません。ただ、沖合に電力を生産するための風力発電所ができることだけが書かれています。

巧みに情報からの締め出しが行われています。素晴らしい景色や夕方の公園からの眺望を除いては。私たち全員が、やりきれない気持ちでショックを受けていました。自動車の中で、警笛を鳴らす線量計あるいは輝きを「放射する」笑顔についての冗談を言ったりしている間に、再び気分は和らぎました。この地域の人々がどのような状態であるのか、おぼろげにしか知ることができません。

　夜になって、いわき市のホテルにチェックインしました。日本の同行者たちと一緒に、刺身とえびの天ぷらを食べました。私は、先に紹介した、自分で判断し、政府にだまされないために、個人が地域で線量を測定することに尽力している日本人の母親とじっくりと話をしました。彼女は苦労しています。彼女の一四歳の娘も同様です。その子は学校で仲間はずれにされ、保守的な教員から批判されています。なぜなら、学校給食に使われる地元で生産された野菜を食べようとしないからです。かわいそうな彼女は、学校での居場所を探すこと、母親の不安と折り合うこと、そして、自分自身の不安と向き合うという、絶え間ないジレンマを抱えています。そして、私がその際に大切だと思うことは、二つの不安を互いに区別することを学ぶことです。これも福島です。そのための測定器はありません。

「かにた婦人の村」への旅

クラウディア・オスタレク

「NCC宗教改革五〇〇年記念——第七回日独教会協議会　いま、宗教改革を生きる～耳を傾け 共に歩む～」のプログラムの一貫として、四月二八日、房総半島に研修に出かけた。

ドイツからの宣教師たちがかつて房総半島に「望みの門」を設立し、今日、老人と若者を支援する独立したディアコニア施設となっている。訪問した日には、情緒障がい児の療育施設の開所式があり、私たちもこれに参加した。

ドイツ福音主義教会ディアコニア部門の議長ウルリッヒ・リリエが挨拶をした。地域社会や自治体の名士が赤いバラをスーツに付けて、演壇の右側に座っていた。左側には、施設関係者であることを示す白いバラを付けたスーツ姿の男性たちが座っていた。ドイツでも似たようなオフィシャルな開所式があることを思い出した。挨拶、講演、それに続くご馳走。

情緒障がいの子どもや若者の数は日本で増えていると聞いた。それはドイツでも同じである。私たちに馴染みのないのは、来客用の玄関で皆が靴を脱いで、緑のスリッパに履き替えたことだった。

次にバスで、千葉県館山市の「かにた婦人の村」に向かった。太平洋をのぞむ山上の風光明媚な土地に、暴力に激しく翻弄された人生を背負った女性たちが住んでいる。彼女たちは一緒に料理をし、庭を手入れし、互いの

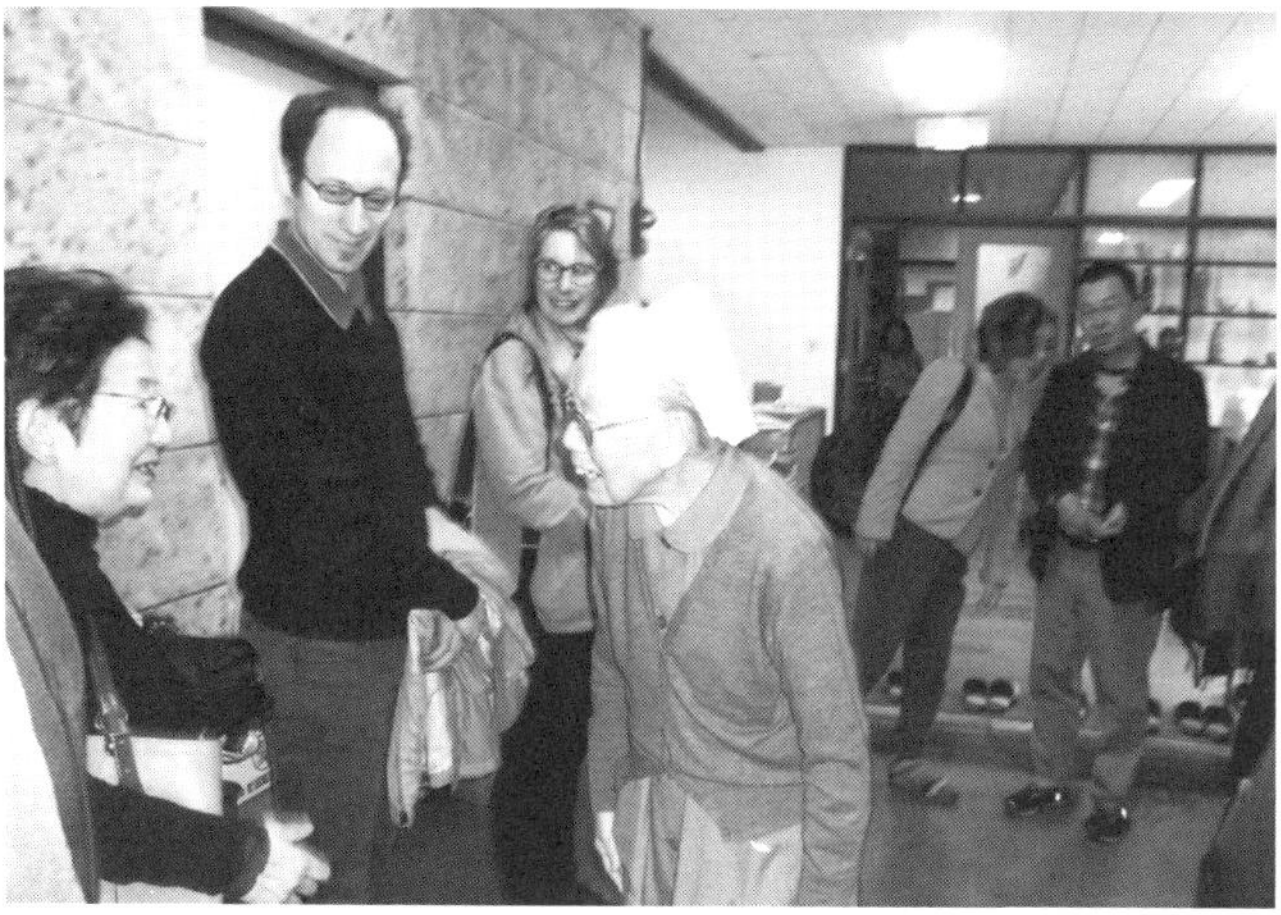

かにた婦人の村で

面倒を見、手仕事をし、遠足に出かけ、必要な助言を受けている。施設長の五十嵐逸美さんと一緒に、みかん畑を抜けて山を登ると、何年か前に住民の女性たちが一緒に建てた教会にたどり着いた。新緑と地面を覆う桜の木々の真ん中に立つその教会は、静けさに包まれたオアシスだった。ときに暴力の犠牲者を弱らせる罪悪感は、ここで祈りの中で告白することができる。だれでも参加できる礼拝が癒し、励ますのである。

　私は、五十嵐逸美さんが話してくれた二人の人物の生涯に魅了された。深津文雄牧師は、一九五〇年代に売春や暴力の被害に遭った女性の運命に心を動かされた。ドイツの「ベテスダ奉仕女母の家」に感化されて、彼は奉仕女になる女性を見いだした。すでに一九五八年に、日本にベテスダ奉仕女母の家が設立された。奉仕女たちは深津牧師とともに、東京に虐げられた女性を保護する婦人の家〔訳注＝婦人保護施設いずみ寮、一九五八年〕を設立した。一九六五年、館山に婦人の長期保護施設が設立され〔訳注＝ドイツ語は移転したように書いてありますが、間違いなので、こうしました〕、「かにた婦人の村」と命名された。設立者の遺骨は、多くの女性の遺骨とともに、教会の地下の納骨堂に安置されている。話に耳を傾けている間、蠟燭《ろうそく》の光が深津牧師の写真を照らし出した。長い髭の男性で、その特別な影響力は写真にも表れていた。

　蠟燭の光はもう一人の女性の写真も照らした。その女性は一五歳の

「噫 従軍慰安婦」と刻まれた記念碑

時から、多くの、とりわけ韓国やインドネシアの女性とともに、アメリカの兵士のため、第二次世界大戦中には日本の兵士のために強制売春をしなければならなかった。彼女は貧しい家の出だったので、この運命を逃れることができなかったのである。何年か後、彼女は軍から強制売春宿を組織する任務を与えられた。彼女は最初のいわゆる「慰安婦」に数えられ、これについて本を書いた女性である。晩年、彼女は、かにた婦人の村で過ごすことができ、最後は、同じような運命の女性と慈愛に満ちた奉仕女に囲まれて亡くなった。

礼拝堂から程遠からぬ所に、深津牧師はこのような無数の女性たちのために記念碑を建てた。「この世に生まれてきたからには、要らない人は一人もいない。かにた婦人の村は、ありのままのあなたがたを受け入れ、あなたがたに今後も寄り添い、あなたがたを愛する。」

このように、かにた婦人の村は今日、暴力の被害に遭った日本の女性に宣言している。

V　みことばをうたう

ジュネーヴ詩篇歌の学びについて

岩崎眞弓

1　カトリック教会について

「グレゴリオの家」の聖堂は、さすがに響きが良く、声が良く通る聖堂だと思います。概してカトリックの聖堂は天井が高く、良く響くように造られているようですね。以前うかがった長崎のカトリック教会はどこもゴシック様式でした。教会が主を礼拝し讃美することを中心とするなら、声が良く響く聖堂はその目的にふさわしい、といえるでしょう。それに対してプロテスタント教会はあまりこだわりがない、といえるかと思います。（注＝私の属する西堀キリスト福音教会はとても響きの良い会堂です。）

主を讃美することを大切に思うのであれば、ある程度の空間があり、多すぎない残響が必要だと改めて思いました。

2　学びについて

・ドイツでの教会音楽家の養成について。

・ジュネーヴ詩篇歌を歌いましょう。
・グレゴリオ聖歌とジュネーヴ詩篇歌の旋律の共通性について。
三つとも参加させていただきました。興味深かったのは、やはり初めてジュネーヴ詩篇歌を歌ったことです。まず女性指導者の方から発声のメソッドを教えていただきました。身体は楽器であり、どの楽器にも言えることですが、音〔声〕を綺麗に出すためには力を入れてはいけないということ、そのためにはまず力を抜くこと、そしてそれを維持することの大切さを学ぶことができました。

続いて詩篇三三篇を歌いました。C・F（カントゥス・フィルムス）と書かれている声部に定旋律があること、この曲の場合、ソプラノに定旋律があるので、まず全員で定旋律を歌いました。その後ソプラノとバス二声で、そしてテノールが加わり三声で、最後にアルトが加わって四声で歌うと、美しい響きが聖堂に満ち溢れます。前後の席にカントゥム・カヌムのメンバーの方がいらしたので、私自身は拙いドイツ語でしたが、歌うことができました。

続けて詩篇一篇を歌いました。この課題曲のC・F（定旋律）はテノールにあるので、全員でテノールを歌いました。その後、テノールとソプラノの二声、次にバス、最後にアルトが加わり四声で。

この曲のメロディーは、シュトラスブルクにおいて十六世紀に書かれたものであり、かの地はジュネーヴ詩篇歌の基礎ができた所でもあるとうかがいました。

エッツァルト・ヘアリン氏から、曲の構成を理解することの重要性を教えていただきました。この曲は冒頭の部分と終わりの部分が同じ旋律になっていました。

十六世紀ごろにはメロディーがテノールに書かれていることが一般的であったようで、礼拝においては単声、斉唱で歌われていたが、家庭において四声で歌われたこと、器楽を加えて演奏されたことなど、いかに詩篇歌というものが広く知れわたっていたかを物語っています。

その後、グレゴリオ聖歌と比べることができる詩篇八〇篇を、まずグレゴリオ聖歌から歌いました。その後に詩篇歌を歌うと、冒頭の部分はグレゴリオ聖歌そのままのメロディーを使っていることがわかります。初めてこの詩篇歌を聴いた人はあのグレゴリオ聖歌からの引用だと気づくことができたでしょう。グレゴリオ聖歌とジュネーヴ詩篇歌に共通するものとして小節線がないことが挙げられます。

中世においては経済と政治が教会と深く関わっていたこと、ルネサンスに入って教会の力が弱くなり、人間の独立性が高くなるにつれて学校・教養、読み書きが一般的になってきたこと、そしてそれは教会においても信徒たちが歌うという行為につながったことなど、世の中の動きに合わせて教会での讃美が変化してきたことをうかがい、現代においてもそれぞれの教会・教派でいろいろな課題があることと共通していると感じました。

午後は詩篇一一六篇の学びでした。ヨハン・クリューガー（十七世紀中ごろのベルリン・ルター派の作曲家）作曲の詩篇歌を歌いました。四声の楽譜の上に二声のメロディーが書かれていて、この部分はリコーダーや弦楽器・フルートなどの楽器で演奏するためにつけられているとのこと。当日会場に、私ともう一人、二人のバイオリニストがいましたが、楽器を持っていなかったため、この部分はオルガンによって演奏されました。

前奏に続き、単声で歌い、オルガンでの間奏、その後、四声で歌うと、モテットのような仕上がりになります。この曲は、器楽奉仕者が多く起こされている西堀キリスト福音教会でも讃美することができそうだと思いました。

詩篇がもともと、歌「讃美」として書かれ、韻を踏んでいるため、メロディーをつければそのまま讃美歌として成り立つこと、そしてそれはグレゴリオ聖歌も聖書のみ言葉を（覚えるためであったとしても）節をつけて歌ったことと共通性があるなど、この学びを通して知ることができたことは感謝なことでした。

最後に、二日間日常を離れて教会音楽にどっぷりと漬かれて幸いな時間でした。拙いドイツ語と全く初めてのフランス語で、ジュネーヴ詩篇歌を讃美したことも嬉しいことでした。このような機会を作ってくださった方たち、「グレゴリオの家」の方たちに感謝します。

聖グレゴリオの家のワークショップと講演の報告

大石周平

二〇一六年九月二十七〜二十八日、聖グレゴリオの家・宗教音楽研究所において、E・ヘアリン牧師によるジュネーヴ詩篇歌のワークショップが行われました。本報告のために講演原稿を用いることをお許しくださったヘアリン牧師に感謝しつつ、その内容と、参加者の喜びについてご報告します。

源泉へ〜ユダヤ・キリスト教の祈りの根

「改革教会の礼拝ではいわゆる韻律詩篇が歌われる」が、本来「韻律詩篇は、イスラエルの民の書物に根ざしている」。

ジュネーヴ詩篇歌を一教派の所有物とすることを注意深く避ける講演者は、何よりこれがユダヤ・キリスト教に共通の源泉である聖書に基づき、「みことばをうたう」古来の伝統に連なるものだと強調します。そこで第一に問題となるのは、共通の根《ルーツ》にさかのぼることです。エルサレム神殿、世界中のシナゴーグ、初代教会、修道院、今に至るあらゆる教派の教会や祈りの家で、詩篇は「読まれ、唱えられ、祈られ、詠唱され、さらには独唱、複音楽、斉唱《ユニゾン》、多声の様々なありようで歌われて」きました。「これらのルーツなしに、改革派の詩篇歌の由来を理解し、分類し、〔歴史的に〕あとづけることはできない。」

改革派の詩篇歌とグレゴリオ聖歌

「改革派の韻律詩篇に特別な点があるとすれば、それは、全くあるいはほとんど変化を被らずに音楽的に伝承された一二五の旋律集があり、またそれに属する韻律詩が存在することである。その意味では、改革派の詩篇歌は、数百年を経て、ごくわずかな変化しか受けていないグレゴリオ聖歌に比べられる。ジュネーヴ詩篇歌の旋律は、定旋律（cantus firmus）のように、宗教改革期から今日に至るまで、プロテスタント教会音楽史をとおして、その一貫性を保ち続けてきたのである。」

母語によって「みことばをうたう」～宗教改革と私たち

以上のような概観を経て、焦点は五〇〇年前の宗教改革期に絞られます。そこで指摘されるのは、詩篇は常に唱えられてきたとはいえ、西方キリスト教会ではラテン語で唱えられてきたので、礼拝（ミサ）に集う会衆一人ひとりのレヴェルになるとその歌から切り離されてしまった中世期の事実です。そこに、「人間の個の意識」を自覚するルネサンスの人文主義運動が切り込みました。結果、一人ひとりの讃美の自覚的なありようが問われ、会衆が心からささげる歌を忘れていたことに気づかされることになります。

「礼拝で歌うことは斬新だった。四五〇年ほど前の礼拝訪問者たちは、歌うことができなかった。」

「礼拝の中で何事かを耳にし、それ（神の言葉の説き明かし）を理解する。そのうえで、馴染みのない教会の言語（ラテン語）ではなく、自らの母語で歌うのだ！　理解すればするほどに、応答したくなる。会堂前方で唱えられる祈りを聞いて、ただ受け身になるだけでなく、礼拝の中で、母語による歌と祈りをとおして、自分自身が声を発することができるのだ。」

印象的だったのは、講演者が、これはどこか私たちの現状に似ている、と指摘されたことです。じつに詩篇そのものを歌う伝統は、いつの間にか欧米の改革教会でも忘れられるようになっていました。日本の教会にいたっては、そもそも詩篇歌のほんの一部のメロディしか伝えられておらず、伝えられても、詩篇とは別の詩があてがわれているものが多かったのです。実際、このワークショップに参加して初めて「日本語によるジュネーヴ詩篇歌」の存在を知った参加者も多いのです。「失われていたものが見つかった。」五〇〇年前のシュトラスブルクやジュネーヴの教会を満たした新鮮な驚きと喜びの声は、この国でも響くでしょうか。

「ジュネーヴ詩篇歌第六八篇を歌いましょう。」

講演の区切りごとに呼びかけられた「歌いましょう」という声が、筆者には、今に響くエルサレムのダビデか、ジュネーヴのカルヴァンの声のように思われました。それは、古来祈り歌い継がれてきた詩篇を、五〇〇年前から変わらない旋律で、しかも母語で歌うことがゆるされる喜びへと招く声です。

今に響くカルヴァン、アウグスティヌス、ダビデ、そして神の歌

思えば講演者は、カルヴァンから多くを引用し、その声を今に響かせてくださっていました。

「……詩篇を神に呼ばわる公的な祈りとして歌うことが、教会の建設にこの上なく有益である。讃美を歌うたびに、ひとつの祈りを形づくり、ひとつの讃美と感謝をもって同じ感動を神にささげ、心はことごとく揺り動かされて活気づく。」

「『歌唱（会衆讃美）には、人々の心を揺り動かし、燃え上がらせて、より熱烈に、燃えるような聖なる熱情をもって神に呼ばわり、神を讃美するための大いなる力と活力をもたらすことを、私たちは経験上知っている。』だから次のような歌が必要なのだ。『ただ堅実なだけでなく、聖であるような歌。私たちをただちに祈りへと駆り立て、神讃美へと誘い、神の御業を思わせる歌。それによって私たちは神を愛し、恐れ、敬い、ほめ讃えるのだ。聖アウグスティヌスの言葉はこの場合にも妥当する。すなわち、「神から何も受けないのならば、だれも神にふさわしい歌を歌うことなどできない」。したがって私たちは、聖霊がダビデに吹き込みつくり出したダビデの詩篇以上にすばらしく、私たちの求めに応じる歌を探すことはできない。これを歌うときには常に、神が私たちの口に、あたかもあの方ご自身が私たちのうちにあってその栄光を高めるために歌っておられるかのごとく、みことばを据えてくださっているのだと確信させられる。』」

カルヴァン自身が、アウグスティヌスの言葉を受け継ぎ、ダビデの声、「神の歌」(!)を当の時代に響かせたように、ヘアリン牧師は、今の私たちに、神の歌を「雲のような証人」の声とともに、ふたたび届けてくださったのです。歴史的にいっても、これほどに積み重ねられた感謝と讃美の厚い層のある歌は、詩篇以外に存在しません。

神の歌にふさわしい旋律のアーチ

さて、詩篇を歌うために、言葉とともに必要なのは旋律です。グレゴリオ聖歌やルター派の詩篇、あるいは当時の流行り歌さえ参考にしながら、カルヴァンの求めに応じて「その対象〔神〕にふさわしい重みと尊厳を得るため」の旋律を追求したのは、当時最高水準の音楽家たちでした(ギョーム・フラン、ルイ・ブルジョワ、ピエール・ダヴァンテなど)。旋律について説明しながら、ヘアリン牧師自身がジュネーヴ詩篇歌の「客観的な旋律構造」の美に音楽家として魅了されているように思われました。

「旋律はしばしば小さな幅しか持たず、音の跳躍は段階的なものに抑えられている。それがルネサンス建築のアーチに比べうる旋律の弧をなすのだ。この弧が最初の点と終わりの点を結んでかかり、弧の真ん中の最高音で支えられる。こうして、旋律に張りのあるアーチができる。これにより、その都度の調によって定められる旋律も歌いやすくなる。」

なるほどそう言われて楽譜を見れば、いかにも美しい張りのある弧をえがき、ヘブライ詩篇の枠構造にも似た初めと終わりの統一感に安心させられます。すべての音がアーチを支えて無駄がなく、ふさわしい緊張感を保って、一歩一歩みことばの重みを受けとめ、丁重に運んでいくようです。抑制がきいていて歌いやすく、どのような深い嘆きも喜びも、感謝も讃美も、取りこぼさないように持ち運んでくれる天使のような音の群れです。

天使もひねもすそらで歌う

講演者はなおもカルヴァンを引きつつ言います。ですから、どの音も軽くならないように、これを終日《ひねもす》深く味わいましょう。神の現臨のうちに天使がそう歌ったように、そらで歌うのがふさわしいでしょう。

「男も女も幼い子どもたちも、それらを歌うことを習慣づけていくうちに、それによってこれがいわば深い沈思となり、天使の群れの仲間に加わることになるのだ」（カルヴァン）。

「絶えず歌うこと」！　ヘアリン牧師は「それが改革派の伝統」だと言われました。そしてふたたび私たちに起立を促すと一言。「詩篇第一一八篇を歌いましょう。」

時代を超えて愛され、国境を越えて歌い継がれてきたこの詩篇歌を歌うと、共に歌う隣人との交わりも深まるようです。讃美後、私の隣にいたドイツ人の合唱団員が親しげに微笑んで言いました。「今、天使に囲まれているようでしたね！」

教会の扉の外へ〜器楽曲、合唱曲としての詩篇歌

さて、礼拝では斉唱《ユニゾン》で歌われたジュネーヴ詩篇歌ですが、教会の扉の外へ豊かに踏み出し、自らを展開する力ももっていました。詩篇第一一八篇をはじめとして、十六、十七世紀のヨーロッパでの詩篇歌人気はたいしたものだったようです。「それは口笛で奏でられるようになり、（おそらくは）この旋律にのって、通りで踊る人もあったほどである。」そのシンプルな旋律は、音楽家たちに、多様で限りない編曲の可能性を示していました。すでに早い時期から、器楽曲や合唱曲が生まれています。

「とりわけ、一五六四年に完成して出版されたクロード・グディメルの四声譜は、その普及とともにジュネーヴ詩篇歌をひろめる役を果たした。…（中略）…それは、今日にいたるまでスイスの家でなされているような、四声の共同体讃美の伝統を基礎づけるものだった。」

筆者はスイス留学中、今も（かろうじて）残るこの伝統に触れていました。チューリヒのある改革派教会の礼拝後、牧師館に集まった青年たちは、手作りスープを前に詩篇一四五篇を四声で歌いました。聞けば、礼拝から音楽を退けた改革者ツヴィングリも、家庭では詩篇をよく歌い、数々の楽器を奏でて、これを愛したのだといいます。そのような改革者のいたチューリヒの礼拝に、ジュネーヴやバーゼルのような歌う伝統が、ふたたび導入されるのは時間の問題でした。筆者の属したチューリヒ・ベルンの教会合唱団（カントライ）では、礼拝だけでなく、毎年四回のコンサートでも味わうために、たくさんの詩篇歌を歌い込みました。そこではバッハを聴くよ

うに、詩篇が聴かれていたのです。

最後に、エキュメニカルな帯としての詩篇歌

「今日にいたるまで、ジュネーヴ詩篇歌の広がりに終わりはない。」講演も終盤になって力強く語られた言葉は印象的でした。「この詩篇歌は、（今なお）改革派諸教会を結ぶ（音楽的な）帯である。」その帯によって、今や日本の諸教会も結ばれています。

「日本の改革派教会の伝統をもつ神学者や音楽家たち、ジュネーヴ詩篇歌の旋律を保ちつつ日本語に翻案するという難しい仕事を成し遂げ、韻律詩篇集を出版された！　本当にすばらしい（ファンタスティックだ）！」。

改革教会礼拝歌集『みことばをうたう』が出版されたのは一〇年前のことです（『改革教会の礼拝と音楽』編集委員会編、エルピス、二〇〇六年）。これには一五〇の詩篇歌〔と十戒、マリアの讃歌、シメオンの歌、使徒信条〕だけでなく、ルター派のコラール一〇〇篇も共に収められています。ルター宗教改革五〇〇年の記念日を目前にした今、この日本にあって、教派も国境も超えてこの帯に結ばれつつ、「みことばをうたう」古くて新しい喜びに生きるものでありたいと願うものです。

講演者への謝辞を述べられた聖グレゴリオの家・宗教音楽研究所の橋本周子所長は、カトリックとプロテスタ

ントの共通の遺産としてグレゴリオ聖歌があり、詩篇歌があり、神讃美の本質は変わらないことが改めて確認されたとおっしゃいました。エキュメニカルな帯としての詩篇歌のすばらしさを知るために、違いを超えて、ひねもすそらで歌い続けていきたいと思います。

1　カペラ　グレゴリアーナ（聖グレゴリオの家聖歌隊）

グレゴリオ聖歌より

1－1　聖ペテロと聖パウロミサ

入祭唱：いま、初めて本当のことが分かった

昇階唱：主よ、あなたはかれらを全地のかしらとして立てられる

アレルヤ唱：あなたはペトロ

奉納唱：あなたは彼らを全地のかしらとして立てられる

拝領唱：ヨハネの子シモン

拝領唱：あなたはペトロ

1－2　復活節の聖務日課より　　アンティフォナと詩篇 95

2　カントゥス・カヌム（ドイツ改革派教会聖歌隊）

Claude Goudimel　　Psalm 001

〈クロード・グディメル　　ジュネーヴ詩篇歌 1〉

Johann Crüger　　Psalm 098 Cantate Domino

〈ヨハン・クリューガー　　詩篇 98　主に向かい歌え〉

Johann Eccard　　Es ist gewisslich an der Zeit

〈ヨハン・エッカルト　　まさに 時いたりなば〉

Jan Pieterzoon Sweelinck　　Psalm 121

〈ヤン・ピーターツォーン・スウェーリンク　ジュネーヴ詩篇歌 121〉

Louis Lewandowski　　Psalm 103

〈ルイ・レヴァンドフスキー　　詩篇 103〉

Manfred Schlenker　　Psalm 122

〈マンフレッド・シェンカー　　詩篇 122〉

Johann Crüger　　Mein Hoffnung, Trost und Zuversicht

〈ヨハン・クリューガー　　我が望み、慰め、よりどころ〉

Andreas Hammerschmidt　Jauchzet, ihr Himmel

〈アンドレアス・ハンマーシュミット　　天よ 喜べ〉

Claude Goudimel　　Psalm 095 （会場のみなさんとご一緒に）

〈クロード・グディメル　　ジュネーヴ詩篇歌 95〉

3　JC コーナーストーン（日本キリスト改革派教会有志）

①あなたのみことば Thy Word（Amy Grant / Michael W. Smith）

②ジュネーヴ詩篇歌 95 篇　Genevan Psalter 95

③ジュネーヴ詩篇歌 98 篇　Genevan Psalter 98

④ Better than a Hallelujah 賛美の歌よりずっと（Chapin Hartford / Sarah Hart）

⑤ジュネーヴ詩篇歌 36 篇　Genevan Psalter 36

⑥ジョナ　Jonah (Jun Igarashi)

エキュメニカル・チャリティーコンサート（2016年4月23日）のプログラム

Ⅵ　公式声明文・報告文

第七回日独教会協議会（二〇一六年四月二十二日から二十九日）最終声明

1　主題――いま、宗教改革を生きる～耳を傾け　共に歩む～

私たちは礼拝、講演、各教派訪問に加えて、さまざまな同時並行プログラムを通じて出会いと真摯な協議を行い、スイスとドイツと日本では、宗教改革後の教派にとって今日に至るまで隣人奉仕の神学が危急の課題であることが明らかになった。五〇〇年前の宗教改革では視点の変換があり、そこで確認されたことは、隣人のために自分の身を献げることに寄与するのは、みずからの救いの獲得への努力ではなく、隣人愛つまり、人への神の愛に対する感謝だということだ。それにより教会のアイデンティティーは変わった。「プロテスタント信仰は自らのところには留まることはなく、この世の只中で働く」（ケースマン講演より）。

教会の隣人奉仕の行為の際に、視点転換の必要があることが、この協議会を通じてのテーマとなった。この度の協議会で経験したことに基づき、以下七点を共に確認する。

1　公開講演会でのパネルディスカッション

日本では昔も今も教会の自己理解が、――社会活動をする教会と宣教をする教会のどちらであるべきか――に分かれていることが報告された。このような論争は克服されなければならないし、克服しうる。両者の間の生き生きとした対話が必要であるし、それには聖書神学的熟考が基礎として必要だ。

2　いわき市、房総半島研修旅行

研修旅行でキリスト教の背景をもたない市民の隣人奉仕活動に出会った。そして彼らの活動に日本基督教団と日本バプテスト同盟に属する地元教会が門戸を開放し、彼らの活動を支援していることを学んだ。これは講演会後の質疑応答でキリスト者の活動は、常にキリスト教的な活動として標榜されなければならないのかと議論されたことに繋がる。教会とキリスト教団体は、社会の要請を真に受け、自分たちとは異なる動機から活動している人々と共に活動することが必要だと理解した。キリスト者は他の市民団体との協働と対話によって、私たち自身を知ることができ、「私たちとは何者なのか」と問い、自らを変えることができる。

3　京都崇仁・東九条地区訪問

京都「希望の家」では隣人奉仕を実践する企画に出会った。そこでは、社会の矛盾を身に引き受けている人々が、どうしたら社会変革の過程の参加者として興味を起こしてもらえるか模索している。必要不可欠なことは、隣人奉仕活動が同じ高さの目線で行われ、社

公開講演会でのパネルディスカッション

会の矛盾にさらされている人々や他文化の背景にある者たちが自分の観点を持ち込むことができ、彼らとの参加協力の形が見出され得るように教会や隣人奉仕活動が為されることだ。〈文化は日本では人種や国籍によるものだと理解されるが、障害を持って生きることなども一つの文化ではないか。〉

4　東京研修

都内の研修で日本には部落とよばれる迫害を受けている少数者がおり、社会的地位への恥意識から彼らの貧困が隠されていることを知った。必要不可欠なことは、教会の隣人奉仕活動が、これら姿の見えない人々へ特別に眼を向け、彼らの視点を認識し、力を入れ弁護を引き受けて添うことだ。

5　フクシマ研修旅行

いわき市周辺を見学し学んだことは、政治が住民の不安に向き合うのではなく、彼らの不安の根拠を意識的に隠蔽していることだ。宗教改革を経た教会としての課題は、こうした政治の傾向に抵抗し、当事者と共に透明性のある政治のために活動することだ。

6　三か所でのコンサートおよびワークショップ

ローマ・カトリック教会の聖歌隊も含む各教派の聖歌隊が、共に詩篇の「ことば」と「音」により主を讃美するエキュメニカルコンサートを体験した。聖歌隊員の中にはキリスト者ではないものもいた。音楽は人々を結びつけ、その向かうところへといざなう。

7　スイス・ドイツ・日本

スイスとドイツと日本からの参加者が共に集ったことは、協議会を実り豊かなものにした。この経験から、今後は三者一緒に協議会を開き、この協議会の名称を「日・独・スイス教会協議会」と変更することを提案する。

2　会議の場所

在日本韓国ＹＭＣＡ、東京と周辺の教会――日本バプテスト浦和教会、日本聖公会・聖ペテロ阿佐ヶ谷教会、日本キリスト教会柏木教会、日本福音ルーテル東京教会、日本基督教団西千葉教会、および京都の在日大韓基督教会京都南部教会、聖グレゴリオの家。いわき市、大熊町、富岡町、楢葉町、広野町。日本基督教団常磐教会、福島第一聖書バプテスト教会、ＮＰＯ「たらちね」、ミッドナイトミッション望みの門「のぞみ会」、かにた婦人の村。

3　参加者

1　訪問者

スイス・プロテスタント教会連盟からシモン・ホーフシュテッター（ベルン大学・スイス・プロテスタント教会連盟ディアコニア部門）、クリストフ・ヴェーバー＝ベルク（アールガウ改革派州教会役員会議長）。ドイツ福音主義教会からマルゴット・ケースマン（宗教改革記念特命大使）、ウルリッヒ・リリエ（ディアコニア部門議長）、ヒッレ・リヒャーズ（共同体形成担当職）、クラウディア・オスタレク（東アジア、オーストラリア、太平洋、北アメリ

カ担当幹事）、カントゥス・カヌム（ドイツ改革派教会聖歌隊、指揮はエッツァルト・ヘアリン牧師）

2　主催者

日本キリスト教協議会から議長・小橋孝一、副議長・渡部信、総幹事・網中彰子、ドイツ委員会（委員長・菊地純子、小田部進一、李明生、成松三千子、岡田仁）、実務委員（日本キリスト教会大会渉外委員会――大石周平、藤守義光およびファン・ハウヴェリンゲン弥生）、シュトゥワード（多田哲、藤守麗、小田部恵流川）、ドイツ語福音教会（東京）

3　その他の参加者名簿

五八名の公開プログラム参加者名は正式記録に記載してありますが、不特定多数への公開はひかえさせていただきます。なおドイツ語版には掲載されません。

4　記名なしの音楽企画参加者

二十四日（日）チャリティーコンサート（聖グレゴリオの家）三〇名、ワークショップ（聖グレゴリオの家）二十七日三六名、二十八日三五名。二十九日チャリティーコンサート（かにた婦人の村）一七〇名。

5　共催者

プログラム全般に、本協議会報告書を作成予定の「いのちのことば社」の職員が同行した。

ドイツ福音主義宣教局、聖グレゴリオの家、かにた婦人の村、ミッドナイトミッション望みの門、在日本韓国ＹＭＣＡ、日本聖書協会、富坂キリスト教センター、ガルニエオルガン工房、聖グレゴリオの家聖歌隊、ＪＣコーナーストーン、シャローム、白浜コーラスマリンブルー、ふきや合唱団、千葉由美氏を含む市民活動団体ママベク、明石義信牧師、佐藤文則氏の協力には特別の感謝を表明したい。

４　全プログラム

同時に二か所、あるいはそれ以上に分かれて催されたプログラムもあった。

四月二十二日（金）一八時　開会礼拝（菊地、ファンハウヴェリンゲン、藤守〔麗〕、リリエ）
一九時　交わりの時

四月二十三日（土）一〇～一二時　講演（ケースマン、リリエ、リヒャーズ）
一三～一五時　講演（ヴェーバー＝ベルク、ホーフシュテッター）
一五時半～一六時　パネルディスカッション（講演者、戒能信生、山本光一）
一六時半～一八時　エキュメニカルチャリティーコンサート
（聖グレゴリオの家聖歌隊、カントゥス・カヌム、ＪＣコーナーストーン）

四月二十四日（日）七つの教会での礼拝と講演会（訪問者全員）
一五時　エキュメニカルチャリティーコンサート
（聖グレゴリオの家聖歌隊、カントゥス・カヌム）

四月二十五日（月）九時　東京現地研修（訪問者五名）および京都「希望の家」見学（訪問者一名）

四月二十六日（火）一六時半　東京ドイツ語教会訪問（訪問者全員、ドイツ委員会、実務委員会）
一九時　ケースマン氏講演（東京ドイツ語教会）（同右）
二〇時　交わりの時（同右）
四月二十七日（水）～二十七日（水）フクシマ研修旅行（訪問者五名、ドイツ委員会）
一九時　最終声明についての協議
二一時　晩禱
四月二十七日（水）～二十八日（木）ワークショップ（カントゥス・カヌム、聖グレゴリオの家）
四月二十八日（木）房総半島研修旅行――望みの門、かにた婦人の村
四月二十九日（金）九時　最終声明採択
一〇時　閉会礼拝・聖餐式（李、オスタレク）
一五時半　チャリティーコンサート
（カントゥス・カヌム、シャローム、白浜コーラスマリンブルー、ふきや合唱団）

派遣団体SEKへの公式報告書
――ディアコニア学からの視点に限って――

シモン・ホーフシュテッター

二〇一六年四月に、七回目となる日独教会協議会が開催され、NCCの代表者たちは東京でドイツのEKDの代表者らと会合の時をもちましたが、初めて二人のスイス代表もそこに加わりました。協議会では交流と協議がなされましたが、関心の一つはディアコニアの行為であり、もう一つは、待ち受けている宗教改革記念で、協議会の構成はレセプション、会議、研修旅行と教会訪問でした。詳細なプログラムや参加者名簿などは最終声明（前項）に書かれていますので、ご覧ください。

以下に続く報告は、特に協議会について、ディアコニア学からの視点で書いています。

1　はじめに――日本の福祉国家の基本理念

日本は過去二世紀の間に、西側の福祉国家とそれほど違わない一つのモデルを発達させています。十九世紀中ごろ以来、日本の福祉モデルは繰り返し西側（とりわけドイツ、英国、合衆国）を手本とし、先の大戦後の、全力をあげての復興期間のあとに、今日では合衆国の社会福祉支出のレベルにまで達しています。あらゆる類似点にもかかわらず、違いもあります。つまり、日本の福祉モデルには独特のものがあります。日本の政治で（ときには西側の福祉モデルとの違いを示す目的で）意識して「日本の社会福祉モデル」が語られるのです。個性としてここでは次のことが挙げられます。

・日本の社会保障制度は、西側の制度に比べて組合的に作られている。つまり国家はそれほど社会正義に則る要求を保証する役割は果たさない。むしろ個々人の自助や家族の連帯や隣人関係もが第一の社会保障制度としてみなされている。

・同様に、企業すなわち雇用者に社会保障制度内で大きな役割が与えられている。というのも、しばしば私的経済として組み立てられている社会保障制度で行われていることは、とりわけ有資格の労働力を長期に雇用するために設定されているからである。しかし、こうした企業による保障は、職に就いていない人たち——しばしば女性だが——には、ときとして良く形成されていても、入ることが拒まれている。

・西側の工業国家のように日本も大きな人口変化の前に立たされている。年齢構造の予想されている推移は日本を高齢化社会にし、しかも西側国家が体験しなかった程度にである。

2　協議会に際し観察し、認識したこと

a　社会的・経済的疎外の継続——ＴＯＫＹＯでの製皮工

職業や生活スタイルあるいは出自により人が遠ざけられたり、疎外されたりすることは排除メカニズムというもので、私たち西側社会も様々なヴァリエーションで知っています。日本内での排除メカニズムの印象深い例を代表団は研修旅行で知ることになりました。

代表団は月曜日（四月二十五日）に研修旅行として製革工地区を訪れました。今日においてもなお、多くの小規模工場が豚皮革製産に携わっています。この産業は排出する廃棄物と臭いの排出のために、日本では伝統的に蔑まれていました。そしてこの地域は町の境に置かれて、皮革に携わる人は他者から、「汚れている」として避けられましたし、いまだに避けられています。今日においてもなお、伝統的に皮革製造業出身である人たちは、別の社会的、経済的な圏内にたどり着くことは困難が伴うのです。なぜならば、姓がしばしば出自を明るみに出すからです。つまり、疎外は世代を超えて続き、今では皮革製造と関わりがなくても続くのです。

b　社会福祉国家のいろいろなモデル
——房総半島のディアコニア企画の二例

木曜日（四月二十八日）に房総半島（東京の東南に位置）にあるディアコニア施設を二か所訪問するとプログラムにありました。

はじめに、代表団は社会福祉法人「望みの門」の新施設となる、精神の障がいを伴う子どもと若者のためのホームの開所式典に列席しました。居並ぶ地方政治の高位の代表者やそこで話されたスピーチからわかったことは、このディアコニア施設が非常に密接に社会福祉国家の課題の達成に関与していることで、行政からたいへんに評価され、また補助も受けていることです。

研修旅行で二番目に訪問した企画は、そこことは事情が違っていました。かにた婦人の村は、一九六五年以来、もともと売春婦だった人た

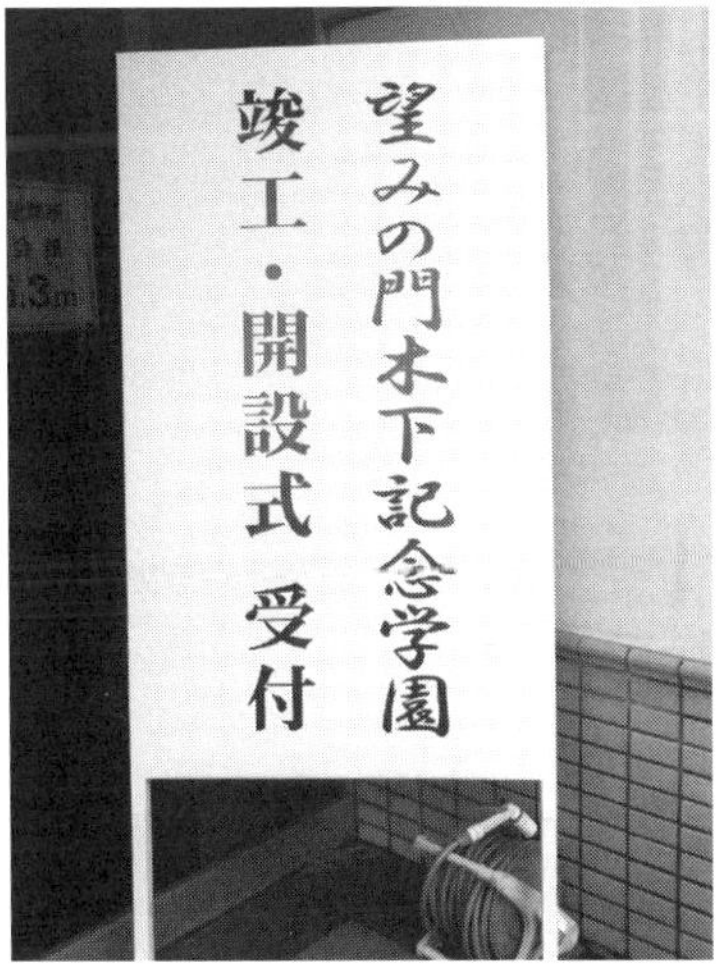

ちを受け入れてきましたが、今では百名に至る介護の必要な女性を受け入れています。この施設の財政やインフラ設備は、むしろ困難なものとして挙げられるべきです。たいへん切迫した公的な出資をも基盤にしていることがあります。

日本の社会福祉施設はつまり福祉保護の必要な人々の割り当てという仕事に至るまで、キリスト教ディアコニア機関に支えられており、それぞれ程度は非常に異なりますが、彼らに援助されるか、もしくは担われてさえいます。（それぞれの援助状態の根拠や、それぞれの援助の根拠、あるいは他の根拠から様々な違いが由来するのかは外からは認識することはできません。）

かにた婦人の村事務所

c　フクシマの環境破壊の中での市民社会の働き

〔この研修旅行の細部については特にクリストフ・ヴェーバー＝ベルク氏の公式報告にあるフクシマ研修旅行に関する項をご覧ください。〕

二〇一一年三月のフクシマの原発による大災害は、地域の人類、動物、環境に壊滅的な結果をもたらしました。今回の二日間（四月二十六日から二十七日まで）の訪問で代表団は二つのことを体験しました。一つは、大災害後の環境面で、測定器は絶え間なく続く放射線負荷を示しています。土壌は（一時しのぎにしかすぎませんが）表面を削り取られるほど汚染されています。子どもたち、若者たちには（白血病や、まれには自己免疫疾患などの）重い病気が増加しています。もう一つのことは、明確に外に出ていない経済的社会的な荒廃です。健全な経済を伴い、かつて評価されていた地域で経済生活が広範囲に荒廃していて、住居や店舗が放置されています。加えて、絶え間ない被曝にもかかわらず、この地域に残ることを決断した人たちには様々な社会的負担があります。すなわち、彼らが大災害の結果にどう向き合えばよいのかという計画も政府は持っておらず、該当者たちにふさわしい保護を行っていません。したがって、当事者たちの大部分は不信を抱えて行政に向かいます。また人々の間で摩擦が生じています。家族の中でも他へ移住する人たちと残りたい人たちとの間で、もしくは心配する人たちと、あらゆる被曝にもかかわらず「常態の現在」へと戻りたい人たちとの間で。

大災害と政府の継続する無策は、ディアコニア企画をも含む、幅広い市民社会の活動を登場させています。代表団は、常に広範囲に放射線を測量することを（厳密に測量することと行政のデータに対する不信を表現するために）自分たちの課題としている若い母親たちのグループを訪問しました。彼女たちの活動から、そうこうするうちに放射線分析のための重要なセンターが成長しています。加えて、諸教派、もしくは諸教会がこの市民たちの活動へ加わっており、時に応じて、社会に影響を及ぼす行動をとり、社会の関心を失うおそれのある災害地域の状況を、人々に喚起しています。

しかし教会の社会活動については、基本的な議論の一部になっており、次の章で示します。

3　議論――告訴するディアコニア、社会活動

最初の土曜日に持たれた協議会（四月二十三日）をきっかけに、次の問いについて討論されました。「日本のプロテスタント教会は、自分の組織の近いところであるいは組織内でディアコニアに従事することばかりではなく、社会政治的、言い方を変えれば、告訴するディアコニアに公に取り組み、不正義な構造を克服するために働くこ

とを、どの程度普通のことだとしているのか。」見たところ、ここ日本のキリスト教会でも（ドイツやスイスの状況と異なることなく）二つの逆向きの派閥があるようです。一つはいわゆる社会派（相応の介入に賛同し、それを要請する）と他はいわゆる福音主義あるいは福音的派閥（相応の介入に対抗している）です。総じて、日本の教会は社会政治的ディアコニアにはむしろあまり価値を認めていないように見えます。

　五反田のドイツ語教会での月曜日の夜のレセプションで（教会ばかりではなく）住民の社会活動へのこの問いについて、もう一度討議されました。その際に語られたことは、多くの日本人の、特に若い世代の公の活動が刺激されたのは、とりわけフクシマの大災害であるというわけではないということでしたが、それ以来公共の政治的働きかけの意味に関しては市民活動や意識は上向きのようです。

　数十年日本に在住のドイツ人「海外在住者」で、それゆえ日本社会を知り、また西洋社会も知っている人たちとの対話は刺激的な認識を示していました。とりわけこのドイツ語教会の教会員たちは様々な異なる視野に橋を架けることができるかもしれません。

（二〇一六年六月二十四日記）

参考資料

Anna Maria Thränhart, Historische und konzeptionelle Grundlagen japanischer Sozialpoli-tik, in: Zeitschrift für Kultur und Geschichte Ost- und Südostasiens NOAG 145-146 (1989), 9-27.

Matthias K. Scheer, Sozialstaat Japan? – Sozialsystem in Japan, in: Zeitschrift für japani-sches Recht 1 (1996), 84-91.

Yosuke Nirei, Toward a Modern Belief. Modernist Protestantism and Problems of National Religion in Meiji Japan, in: Japanese Journal of Religious Studies 34/1 (2007), 151-175.

独日教会協議会、東京二〇一六年四月二十二日から二十九日まで

クリストフ・ヴェーバー＝ベルク

標記の日程で協議会が開催され、私はシモン・ホーフシュテッターとともに、スイス・プロテスタント教会連盟ＳＥＫの代表として招待されました。

協議会のテーマはディアコニアと宗教改革で、ドイツからの参加者はＭ・ケースマン（ドイツ福音主義連盟宗教改革記念事業特命大使）、Ｕ・リリエ（ドイツ福音主義連盟ディアコニア議長）、クラウディア・オスタレク（ドイツ福音主義連盟東アジア、オーストラリア、太平洋、北アメリカ担当幹事）、ボンのヒッレ・リヒャーズ（資金募集専門家）の皆さんでした。

日本側は協議会の実現に向けて労をとった総責任者として、菊地純子（ＮＣＣドイツ語圏教会関係委員会委員長、日本キリスト教会）のほかの参加者は入れ替わりはありましたが、ほとんどの時間を私たちと過ごした小田部進一教授、ＮＣＣドイツ語圏教会関係委員がいつも素晴らしい通訳をしてくださいました。さらに岡田仁（公益財団法人基督教イースト・エイジア・ミッション主事、ＮＣＣドイツ語圏教会関係委員）、金性済（在日大韓基督教会総会長）、大石周平（日本キリスト教会渉外委員）を挙げたいと思います。私の関心から言うと、重要な会話仲間であったのは、藤守義光氏で、私が日曜日に説教することを許された改革派の教会である日本キリスト教会柏木教会の長老です。

四月二十二日（金）

到着日の夕方は協議会への幕開けでした。開会礼拝の後に公式レセプションが行われ、日本のNCC議長の小橋孝一牧師が、宿泊先ホテルであり、韓国のYMCAの中心でもある協議会会場の意味を、第二次世界大戦後の日本のキリスト者と韓国のキリスト者の和解の関わりでお話しくださいました。当時ここには、韓国出身の学生たちに混じって、後に日本からの韓国独立のために故郷で活動することになる学生たちがおり、議論や礼拝が行われていたということです。戦後、日本のキリスト者も韓国人に対する自分たちの罪を告白し、その後の和解をもたらしたとのことです。他の訪問者とともに、私も挨拶をし、SEKの常議員会の挨拶とアールガウ州教会紹介の挨拶を伝えました。そして小さな贈り物（アールガウ州教会ベル）をお渡ししてご招待に感謝しました。

四月二十三日（土）

土曜日は協議会の主要プログラムの日で、講演がなされました。その順序は、ケースマン、リリエ、リヒャー

SEK（左）、EKD（右）からの贈り物

ズ、私、ホーフシュテッターでした。どの講演でも、中心にディアコニアが語られました。ケースマンはルターと福音主義神学におけるディアコニアの神学的基礎について語り、リリエは教会にとって意味のあるディアコニアについて、リヒャーズは、ディアコニア的な共同の働きの具体的企画について語りました。私自身は、アールガウ州教会とそこに属する個々の教会のディアコニアの働きと、スイスの教会の特徴である「協力関係にある教会運営」との関わりで「社会的ディアコーン」の立っている場所について話しました。ホーフシュテッターはスイスのディアコニアの歴史について語り、特に里子制度のテーマに焦点を当てました。

これらの講演の最後にパネルディスカッションがあり、二人の日本の教会代表がそれぞれ聞き取ったことについて短い質問や意見を述べました。その中心にあったのは、多くの場合、日本とドイツとスイスのディアコニアの視点の違いでしたが、最後には、私は正しいと判断していますが、日本からの女性が述べたように、私たちは違いではなく共通性を認めていく必要があるでしょう。

この日の私自身の個人的まとめは次のようです。参加者すべてに意味のある認識であったのは、ディアコニアの働きが福音の自由の一表現であり（ケースマン）、世俗の社会活動と比較して、ディアコニアはだれのものかということが問題ではなく（しばしばドイツでは議論されているが）、むしろディアコニアの働きは社会にひらかれていて、ときどきに起こることに左右されるということです。すなわち、この働きはキリスト教会の境を越えて広く行動半径をもっているのです。

四月二十四日（日）

日曜日には私たち外国からの訪問客はそれぞれいくつかの教会に割り当てられて招待され、説教を担当しました。私自身は改革派の日本キリスト教会柏木教会に招かれました。日本キリスト教会には菊地純子氏も属しています。この教会は経済的にはまだ恵まれていますが、やはり高齢化と闘っています。礼拝堂は大規模で、おそらく七〇年代の建築で、建築からわかる「改革派」の印象はスイスで建っていてもおかしくないものです。一つの例外は絨毯の床です。ここではどのようにして、すべてのことについて心地よくすることに心を配っているかを指摘するこの小さな違いを省くことはできませんでしたので、当日もしばしば言及しました。礼拝はこの教会の富永牧師が司式しました。私の説教はヨハネの手紙第一、四章七節から一〇節についてで、この教会の長老の一人である藤守義光氏が通訳してくれました。彼は社会学者で、大学の講師でしたが、今は国際的に若者の交換企画に携わる財団の仕事をしています。

礼拝後、教会カフェに招かれ、それは続いてサンドイッチ昼食会となりました。私たちは集会室の大きな机の周りに座り、そこにいる方たちは私にスイスの教会のことや、スイスそのものについて多くのことを尋ねてきました。時間はあっという間に経ち、十五時から、アールガウの改革派州教会についての講演をしました。その際に藤守義光氏は、特に「協力関係としての教会運営」の側面に重点を置くように依頼してきました。それというのも、この教会の講演会シリーズは他の教会の教会運営という側面に関して行っているからです。二人で話し合って決めたのは、私が単にスライドを使って話をするのではなく、同時通訳と質疑応答の混在型で行うことでした。藤守義光氏は私が語ったことを通訳するだけでなく、内容を深め、聴衆によりわかるように私に質問をしてくれました。これがうまくいき、参加者は、こうしたやり方で私の話の間にも質問する気になったようでした。終わるころには、アールガウの教会、特にアーラウのステンドグラスや、皆さんにたいへん気に入っていただいたシュタウフベルクの写真を見せることができました。二時間はあっという間に過ぎてしまいました。

その後に藤守氏はお連れ合いと若い大石周平牧師と一緒に、たいそう美味しい日本食レストランの夕食に招いてくれました。総じてたいへんに心のこもった、豊かな一日を体験することが許されました。

四月二十五日（月）

月曜日には観光をするということでしたが、私たちは特別な視察に驚かされました。まず、零細の皮なめし工の人たちが伝統的に住んでいる地域を訪問しました。ここがかつては町の外であったのは、この産業が汚染や臭いを発散するという理由だけでなく、皮なめし工の人たちとその家族が不潔で不純なものとして扱われていて、繰り返し差別されてきたからです。今日の日本でも、皮をなめすのは全く採算がとれませんから、多くの工場が倒産しましたが、それは皮なめし工業のもつ最近の環境課題をもはや解決できないからではないのです。とはいえ、私たちは三十分ほどの皮なめし作業の映画を見せてもらいましたが、高度な環境基準、労働の安全性基準を満たしているという印象は得ませんでした。液体が床に流れており、巨大な自己回転するドラムの中では動物の皮が化学物質で処理されているのですが、そこからも液体は滴り落ちています。これらの皮は、昔は労働者たちにより、防御服なしでバケツからドラムの中に投げ込まれていました。このような視察は実際、観光というくくりで考えたことではありませんでしたが、午後に浅草の浅草寺で体験したような観光の舞台装置の陰を垣間見たと言えます。その地域は寺と、それに隣接したお土産店やレストランのある小路に観光客の大群が押しかけています。その様子はキリスト教の司教座教会あるいは伝統的な巡礼地の周りの観光と似てなくはありません。

月曜日の夕方には東京のドイツ語教会の代表者たちやガブリエレ・チーメ＝ディートリッヒ牧師と一緒に教会でのお茶とお菓子の時間を持ちました。話題はすぐに原発のテーマに向き、ある意味感情的にも議論されました。ドイツからの訪問者たちにより、ドイツはより先進的であるとか、より良いかのような印象が発言の言外にあり得るようなときには、議論に参加した者たちが抵抗を示したのは不当ではありませんでした。

その後に続いたケースマン氏のドイツ語教会での講演には、在日ドイツ大使のハンス＝カール・ヴェアターン男爵も出席しました。ケースマンは宗教改革記念をきっかけとして、「何か祝うことがあるのか」という問いについて講演しました。彼女は講演を十のポイントに分けました。私の中に後にまで残ったことは、人を自由にする恵みと教育の意味についての指摘や、ルターと宗教改革についての二つの相反する視点の指摘です。講演の後のレセプションでは在日ドイツ大使は共催者の役割を果たし、ワインを提供し、自ら参加者について回りました。この教会で印象に残ったことは、少なくない数の在日ドイツ人が活動しているということでした。ドイツ企業のトップマネージャーたちはこの教会の代表としても活動し、日本で得ている自分の関係を教会のために持ち込みます。こうした側面が、とりわけ、大使をこのような催しで単なる参加者ではなく、一個人として活動する共催者として得たと想像することができます。

ところで、この教会はわけてもスイスの牧師のシュピナーによりドイツの教会との共催で設立されました。教会の入り口の上に掛かっているのは、スイスのグラウビュンデン州チリスにあるマルティン教会の羽目板のオリジナルの大きさの写真です。

四月二十六日（火）

朝に私たちはフクシマへと出て行きました。この日はちょうどチェルノブイリの原発事故の三十年目の記念日です。電車で福島第一原発の五〇キロ南にある、いわき市まで行きました。そこでの日常生活は、外から見ると、幾つかのことを除いて通常のものでした。たとえば学校の敷地内に刻々と放射線負荷を示す放射線測定器が立っていることなどを除けば。この街の平均的な放射線量は毎時〇・〇一から〇・〇二マイクロシーベルトということでした。最初に、日本キリスト教団の明石義信牧師が牧する教会の保育園を訪問しました。その教会は原発事故後の市民活動にたいそう関わっています。震災後に新築された教会堂の中には、小さな実験室が設けられていて、土壌の放射線量などを測定できるようになっています。集会室での昼食時の議論がたいへん活発となり、大幅に時間をとったので、残念ながら実験室を見る時間がありませんでした。NPO法人いわき放射能市民測定室「たらちね」と関わりをもって活動している千葉由美氏が同席し、彼女の体験や活動を報告してくれました。その活動は翌日に詳細に知ることになります。他の母親たちと一緒に彼女は毎日、地元の保育園、小・中学校などの放射線量を測定しています。行政の行う測定に対しては、彼女ら母親たちが行っているように、詳細で継続した測定をしていないので、彼女たちはある種の不信を抱いているのです。

この話し合いで私の中に残ったのは、ここの状況は多くの家族にとって大きな負担となっているという事実です。たとえば若い家族が両親らに食事に招かれ、母親が自分の畑で作った野菜を料理して出します。そして娘がその野菜料理を食することを拒否し、母親が孫（自分の子どもたち）に与えることを拒めば、そのことが緊張やいらだちをもたらします。またある妻がここから引っ越したいと思っても、夫がここに住むのは問題がないと判断すれば……。行政はここでの生活に問題はないと説明しているからです。あるいは、だれかがそれでも引っ越したいときに、それまで住んでいたその家をだれが買ってくれるのでしょうか。また子どもたちの精神的負担も大きいものがあります。両親の不安と一緒に向き合いますし、しばらくの間は、それがまったくどうしてなのか理由が理解できないからです。子どもたちに砂場で遊ぶことやそこで何かを口に入れてはいけない等の禁止は、当の子どもたちには漠然とした脅迫でしかありません。このような常にある不安や、運動不足は多くの子どもたちにとって二重の負担となります。成長が平均より遅れている子どもたちも少なくありません。多くの子どもたちはすでに抗うつ剤を処方されなければいけないほどです。

その後、私たちは、いわき市から北へ高速道路を走りました。小型の放射線量計を準備していましたが、原発に近づくにしたがって警音が鳴るようになります。高速道路には大きな線量計が立っていて、放射能測定値が示されており、時折、毎時四・二マイクロシーベルトを示します。車中では、原発に近くなってからはじめて毎時四マイクロシーベルトを超えます。浪江町で高速道路をおりて国道六号線を南下します。野には、汚染された表層土壌が削られてプラスティックの袋（フレコンバッグ）に詰められ、置き場に積み上げられています。今後これをどうすべきなのか、だれにも定かではありません。私たちはさらにゴーストタウンとなっている町々や村々を通り過ぎます。駐車してある車のタイヤは潰れ、車は錆びています。家や店は空っぽのままで、スーパーやガソリンスタンドの前の広場は雑草が生い茂っています。警官が道路を封鎖しており、そこからはトラックが汚染土の袋を荷台に積んで出て来て、交通のまれなこの道路に入って来ます。私たちは本当に美しい風景の中を走ります。汚染土の袋の積み上がっているところ、最近汚染土が削り取られた野原を除いては、夢のような海岸線、竹林、繁みであり、豊かな緑です。私たちの計測器の値は上昇し続け、道路脇の掲示板には自転車や徒歩での移動は禁止されているとあります。住民が離散した大熊町（道路に交差する、市街へ入る道はすべて遮断されています）から福島第一原発へ行く道路へと分岐します。原発から約二キロから三キロ前で道路が遮断されている交差点の窪みに停車します。私たちが車を降りて行くと、外は、私たちの計測器の警音を除いて、みごとな静寂です。放射能についての知識さえなければ、ここはたいそう美しいところでしょう。遠くには発電所の煙突やら建物の一部が見えます。

明石牧師は、ボランティアとして教会で一緒に働く年金生活者の佐藤氏と一緒に地表近くの土壌の放射線量を計測しています。道路端のここではたちまち、これまでの最高値の毎時一三・一マイクロシーベルトを記録します。すぐに私たちは車に戻ります。車中のほうが放射線量はいくらか低いからです。それから私たちは、原発から南西に六キロほど離れた、ゴーストタウンの富岡町夜ノ森に入って行きます。ここの放射線量は、再び、明らかに低くなって、毎時二から二・五マイクロシーベルトです。明石牧師と佐藤氏は土壌サンプルを取り、移動式土壌計測器で測ります。キロあたり一三四〇〇ベクレル。人は自然放射線約四〇〇〇ベクレルにさらされています〔訳注＝人体が持つ放射能は、カリウムで体重六〇キロの成人男子で四〇〇〇ベクレルと言われている〕。つまり、この土壌は、自然界の生物資源が通常受ける放射線量の約二三〇倍〔訳注＝計算式は不明〕もの量を得ているのです。この街での経験は私に、深く残る印象を残しました。交差点の信号は点滅しています。全く静寂で、鳥だけがあちこちでさえずっています。リスが道路をさっと通り過ぎます。建物前の広場は雑草が茂っています。窓越しに美容院の中をのぞくことができますが、放射線がなければここで明日も再びお客さんたちを迎えることができたのに。隣にある住居では、応接間に新聞がまだ置かれていて、窓からは小さい庭に置かれているこびとの人形がこちらに挨拶しています。庭の木々や植え込みは五年前に比べれば丁寧に手入れを受けてはいませんが、それでも太陽が赤い楓をたいそう美しく輝かせています。

　この災害がここに引き起こしたことは想像を絶しています。人々は家家や家具、衣類、車を放置しなければならなかったばかりではなく、

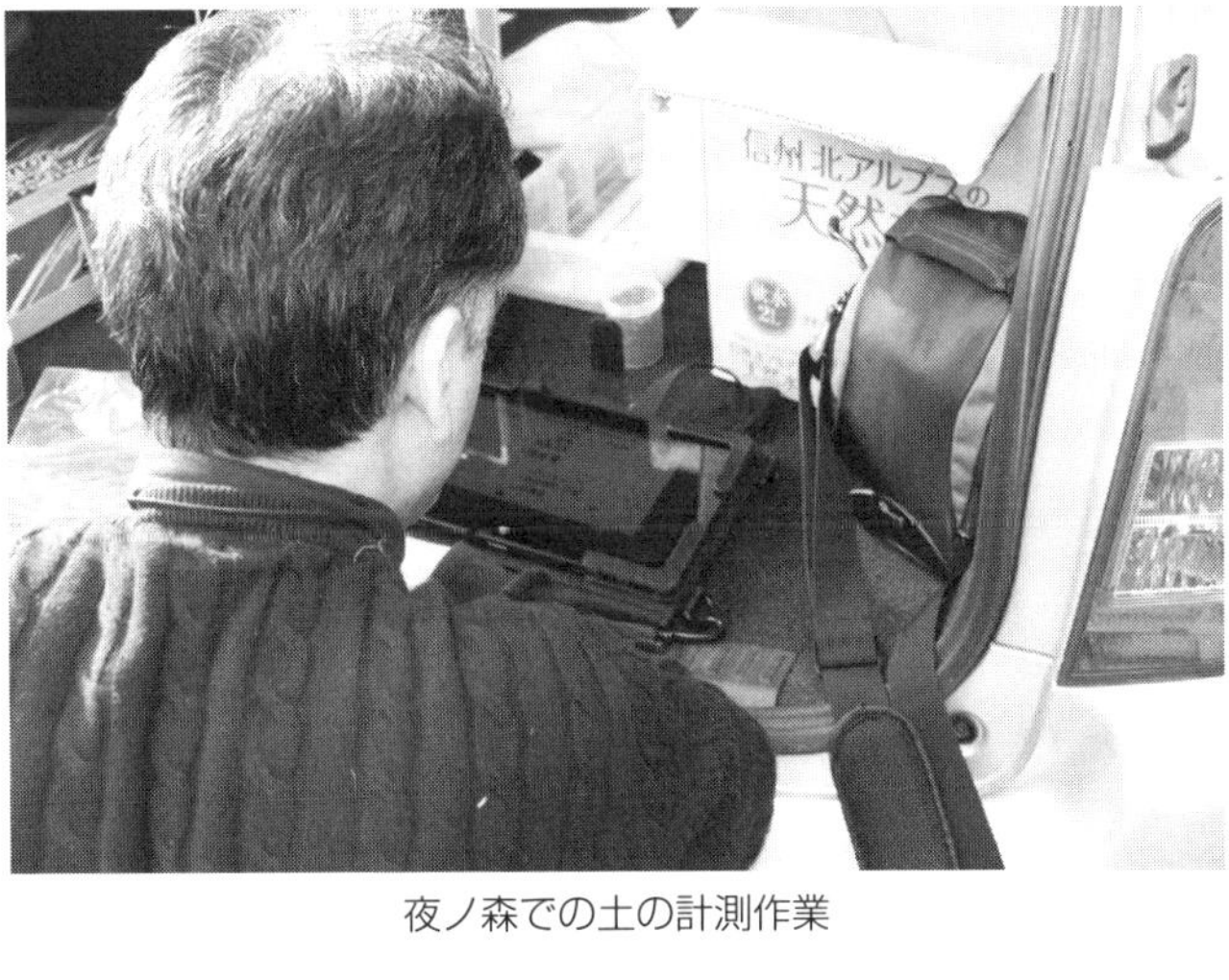

夜ノ森での土の計測作業

故郷を、そこに結びついた感情をも放棄しなければならなかったのです。想像を絶するのは、損なわれてしまった自然に起こっていることです。次の日に私たちが訪れた実験室では、この地で死んだネズミが放射線量を計測されていました。数字は忘れてしまいましたが、非常に大きな数値でした。ここには鳥やリスやきつねや猫や、置いてきぼりになった犬や野生動物が生きているはずです……。

この日以降、私にはかつてないほどに明らかになったことがあります――原子力発電は決して「一つの選択肢」ではない。たとえ技術が制御可能であり得るとしても、人間は制御可能ではない。いつの日かどこかで、予測しなかった状況下で、再び新たな間違った決断の連鎖が災害を起こしうるのです。このような災害の結果にまつわる無力さは、日本のように高度に発展した産業国家ですら果てしないのです。スイスだって髪の毛一本ほどましなわけではありません。スイスの原子力発電所の環境はここよりももっと人が密集して住んでいるという事情すらあるのです。

四月二十七日（水）

私たちは昨日会った千葉由美氏と、やはり「たらちね」と関わる他の二人と通常行っている学校の巡回測定に付き添いました。放射線量の値を継続して明記していくことは、より詳しく情報を得たという気持ちを与えるだけではないでしょう。彼女たちにとって、不安と向き合う一つの方法でもあるのではないかと私は推測します。もっとも彼女たちの子どもたちにとっては問題がないわけではありません。母親たちの活動は学校での仲間はずれを引き起こすからです。

ＮＰＯ法人いわき放射能市民測定室「たらちね」の訪問はたいへん好奇心をかき立てられました。そこでは土壊のサンプル、食料あるいは死んだ動物たちまでそれぞれの放射線量が測定され、確認された値が記録されます。親たちは相談にのってもらえますし、子どもたちの罹病割合が次第に増加しているので、医務室さえもしつらえられています〔訳注＝二〇一七年五月からは「たらちねクリニック」が開設〕。このような影響が数年後に出始めることは明らかに典型的なことなのです。甲状腺羅病、白血病、あるいはほかに、子どもにとっては普通はたいへん稀な自己免疫疾患です。

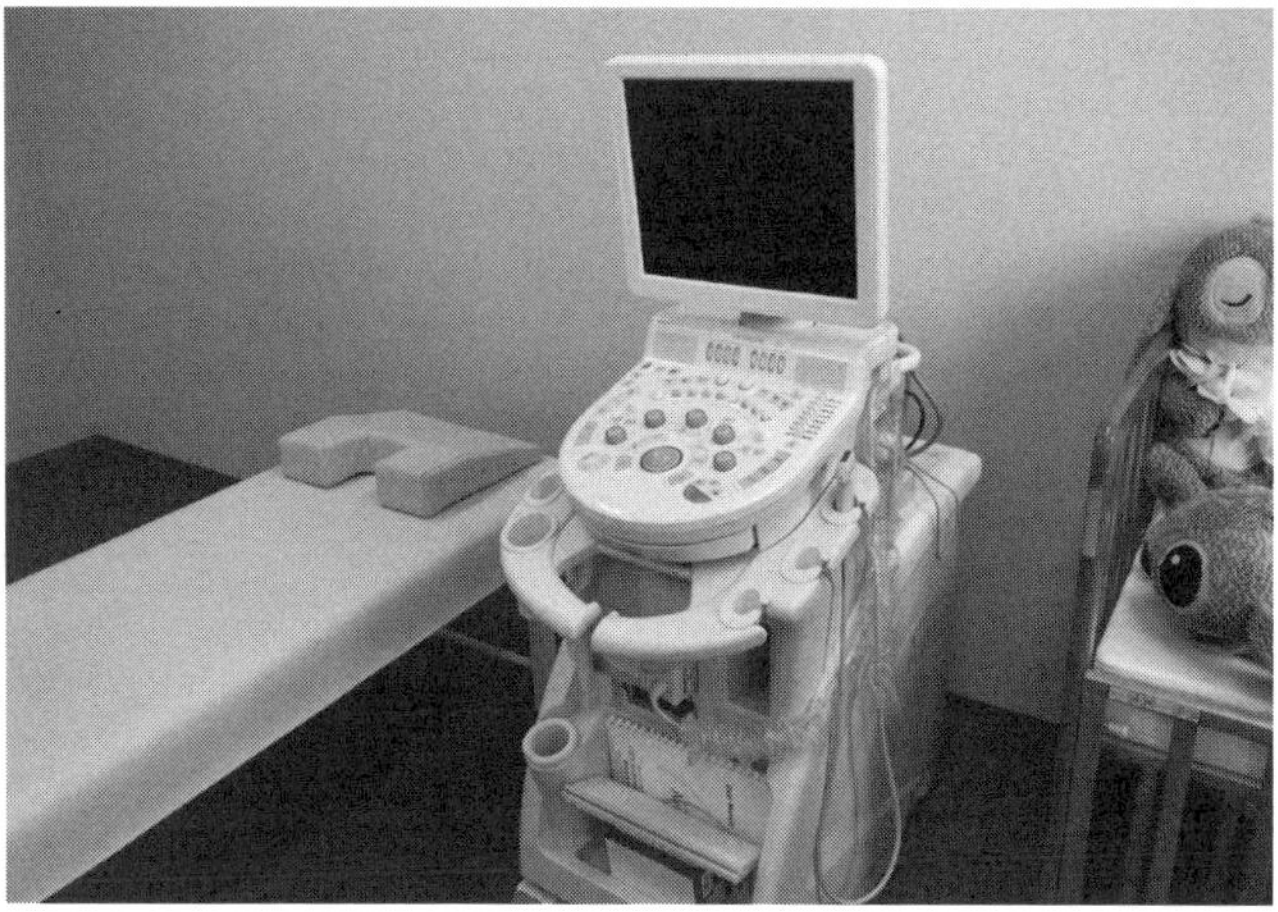

甲状腺検診機

この放射能測定室は、このＮＰＯ法人とその活動についての女性雑誌によるレポートで、いくらか知られるようになりました。事務局長の鈴木薫氏は、最近ＢＢＣニュースでインタビューを受けていますhttp://www.bbc.com/news/magazine-35784923)。

この法人では、計測が難しい食料のβ線量の計測もしようとしています。退職した技術者天野光氏は、ここで食料のβ線量を三週間で測定するのではなく四日でできるようなやり方を開発しています。今年の三月に国際専門雑誌に彼の方法を公表しています。いまや彼は国際学会でも発表することが許されており、アメリカ合衆国からはその方法への関心が示されています。このことは、いまだにボランティアで運営されている市民運動にとっては大きな成果ですが、その源は学校に通う母親たちが、「自分たちが自分たちの生活の主導権を握りたい」というものでした。

再び東京方面へ出発する前に、事故前には原発から約三キロメート

福島第一聖書バプテスト教会で

ルの大熊町にあった福島第一聖書バプテスト教会を訪問しました。明らかに上を見上げつつ自らを鼓舞するような行動で、この教会は日本中を、自分たちの場所を見つけるために移動して歩きました。そして最後にここいわき市へと戻って来たのです。私が思うには、この行動はこの教会の教会堂建設の資金集めにも助けとなったでしょう。いずれにせよ、この教会堂建築は礼拝堂以外の場所も含めて、たいへんよく設計されています。

フクシマへのこの二日間の旅は日本の主催者からは希望者による個人的な研修旅行とされていて、私たち訪問者は自分で経費を賄う必要がありました。

教会とディアコニアに関わり合うものは何だったでしょうか。私の目からは、またもや社会に開かれたディアコニアという側面、社会にひらかれた教会という側面です。ここで訪れた教会は災害の結果を克服しようとする、ここの人々を支援する市民社会の活動の一部になっていました。単に教会は自分たちのためだけの教会ではなく、教会を他の人のためにしてしまうのではなく、教会は他とともにあるのです――古典的な意味で「宣教する」のではなく、教会が自らもその一部である社会で課題をもち、それを引き受けるという意味で宣教する教会なのです。そのことでは、年を経てきた国家教会として私たちは大きなチャンスをもっていると思います。私たちは、このような課題をある程度分別ある経費をもって引き受ける手段をいまだにもっており、この手段をもはや当然のように使うことのない時に向かって、心構えをすべきです。けれども、すでに十二時五分前なのではないでしょうか〔訳注＝シンデレラのたとえか〕。もし私たちが、今、減少していく財産を理由に、教会をただ自分たちのためだけに見ていくとしたら、私たちが教会であることを将来危うくしかねない間違いを犯すでしょう。少なくとも、プロテスタント改革派教会の伝統にある教会にふさわしい仕方で教会であるということを。

このような洞察を、東京に戻った夜に、協議会のまとめの話し合いで持ち出しました。そして小田部進一氏が直前の夕拝で自分の見解の結論として語った所見を補うことになりました。それは私たちが個々のキリスト者として、他の人間との関わりの中でのみキリスト者であり得るという結論です。一方で、もちろん私たちの個々の教会と私たちの教派にいる他のキリスト者との関わりの中で、他方、非キリスト者との対話と出会いの中でも明確に、そして断固として。

このまとめの話し合いでマルゴット・ケースマン氏が私たちの中から別れて、一足先に帰国することになっていたので、一番初めに願いを述べ、日独教会協議会が今後は明確にスイスも加わって三者間のものにすべきだと発言しました。この願いを私は感謝して受け取り、この招きをもちろんＳＥＫと協議したいと答えました。次回の協議会は二〇一九年に開催予定で、開催場所は未定です。二〇一九年という期日はスイスにとっては、ホストにふさわしいのではないでしょうか。

まとめの話し合い

〔編者注＝スイスではこの年から、もう一つの宗教改革五〇〇年祭がしばらく続きます。〕

四月二十八日（木）

この日は二つの目的で房総半島へと旅をしました。一つは精神障がいのある子どもたちの寮と学校を付属する新しい学園の開所式で、もう一つはドイツのヴッパータールにあるベテスタ母の家が日本に定着したディアコニア施設を訪問することです。

母体である福祉法人「望みの門」はディアコニア施設のパイオニアの一つです。キリスト教会のイニシアティヴで生まれ、今では、法人所在地の市と県から功績を認められています。この日の開所式では市長と県の副知事が挨拶しました。

式の最中に私の機嫌をしばらくの間たいへんに損ねた儀礼的な失態がありました。開所式についての事前情報なしに私たちは到着し、私が唯一知っていたのは挨拶をすることでした。EKDのリリエ氏の挨拶の後に、私の番になったように見えたときに、座っていたひな壇上の演台に行こうとしたのですが、行けませんでした。会場のホールにいた二五〇人ほどの式典参加者の前で、主催者の責任者から決然と追いやられ、壇上の私の場所へと再び戻ったのです。一瞬侮辱を受けたような気持ちになった本当に残念な出来事でした。侮辱する意図は間違いなくなかったでしょう、とりわけ時間的に押していたのです。それにしても、もともと私の個人的な問題ではなく、外国から来た州教会の代表を挨拶するように招いたという状態に関わることであるにもかかわらず、言葉を発する前にマイクから追い立てられたのです。

私がそのことで自問自答していることを菊地純子氏に伝えた後でしたが、先ほどの施設の代表者がレセプション中に謝りに来ました。

この思いがけない出来事の後、館山市にある「かにた婦人の村」を訪問しました。一九六五年に深津文雄牧師により開所されましたが、深津牧師はドイツで母の家というディアコニア施設を知り、東京に一九四六年にはすでに「ベテスダ奉仕女母の家」を開いています。かにた婦人の村は、女性たち、特に介護が必要な女性たちにとって居住の場であり、就業の場です。もともとは、一時代前に娼婦たちが売春ではなく自分たちの生活を行うようにと設立されました。ここには、第二次世界大戦で自分自身が売春婦として日本軍に売られ、インドネシアにまで連れて行かれた一人の女性のイニシアティヴで、いわゆる「慰安婦」のための記念碑が建てられました。このように、自分自身が同じ被害を身に受けた日本の女性がインドネシアで、連れて来られた韓国人女性や中国人女性に日本兵のための売春を組織したのです。彼女にとっては、この自分史に向き合い、中国や韓国の被害女性と和解することは切望だったのです〔訳注＝この碑は国連からの問題指摘の前に日本で建てられた初めての被害女性の記念碑となりました〕。

かにた婦人の村の礼拝堂

ここには現在一〇〇名ほどの女性が介護を受けています。しかし彼女たちはそれぞれの理由からここに来ており、多くは日本各地の社会福祉事務所から送られて来ています。

礼拝堂内のパイプオルガン

私が驚いたのは、日本政府が、明らかに介護が必要な人たちをこんなにも大胆にキリスト教の施設に送り、ここの運営規則にも合わせているということです。私の判断では、このようなディアコニア施設は宣教こそ行っていないが、推察するところ、国家の信頼を得ることになっているのです。私にとってはこの日で協議会は終了で、明朝に簡単に帰国できるように飛行場近くのホテルへ移動です。他の参加者は明日の金曜日の午前中にお別れの時があり、終了礼拝を行います。

第七回日独教会協議会（ＥＫＤとＮＣＣＪ）へのプロジェクト聖歌隊
――カントゥス・カヌムの二〇一六年四月日本訪問報告――

エッツァルト・ヘアリン

ドイツ福音主義教会連盟ＥＫＤは、非常に遠方のプロテスタントキリスト者や彼らの教会と関わりをもち、それを育てる努力をしています。日本のプロテスタント教会との定期的な協議会もその一例で、今回は主題「ディアコニア」が掲げられ、間近に迫っている宗教改革記念祭と結びつけ、さらに音楽的な催しによりエキュメニカルな関わりに命を与えることを目指しました。それによりＥＫＤ宗教改革記念事業特命大使であるマルゴット・ケースマン博士を協議会に得ることができました。そしてこの出会いの枠組みでＥＫＤの一構成員である福音主義改革派教会ＥＲＫのプロジェクト聖歌隊が二〇一六年の東京でのＥＫＤとＮＣＣＪの教会協議会に招かれたのです。ＥＲＫ常議員会はこの招待を受けて、プロジェクト聖歌隊を派遣しました。教会協議会の準備会がハノーヴァーのＥＫＤ事務所で開催され、Ｍ・ダヴィズ、Ｂ・ディッペル、Ｅ・ヘアリンが参加しました。

ここ、およそ二十年にわたって日本の改革派の教会とＥＲＫの間には神学的、音楽的な結びつきが存在しています。これには、日本の改革派教徒にジュネーヴ詩篇歌への門戸を開こうという日本側の努力に起源があります。このたびの訪問により、

プロジェクト聖歌隊：開会礼拝後の交わりのご挨拶として

日本において音楽上の接点を作り上げるという、何年もの間の努力が実行に移されたのです。

企画されたコンサートや礼拝、特にジュネーヴ詩篇歌の合唱音楽の集中的な準備をもって、プロジェクト聖歌隊は一〇名のメンバーが四月二十一日にアムステルダムやミュンヘンから東京の教会協議会へと飛び立ったのです。聖歌隊メンバーの中には、今回オルガン、チンク、金管楽器などの器楽奏者も合わせて務めるものもいました。四月二十二日の夕刻には私たちは東京の韓国ＹＭＣＡでの開会礼拝に出席し、それに続くレセプションではＮＣＣＪ議長の小橋孝一牧師がドイツやスイスからの参加者を歓迎し、Ｍ・ケースマン博士をも宗教改革担当特任大使として歓迎されました。プロジェクト聖歌隊はこの心からの歓迎に小さな音楽的なお返しをしました。

プロジェクト聖歌隊は、カトリックの教会音楽学校である聖グレゴリオの家で、傑出した仕方で、宿泊、食事その他のお世話をしていただきました。私たち全員に感嘆する出来事であったのは、このように専門的に、ヨーロッパのタイプの教会音楽の伝統が日本で受け継がれ実践されているかという事実でした。ヴェロニカ橋本氏の率いるこの学校の聖歌隊は、グレゴリオ聖歌については世界に認められた名声を博しています。

土曜日（二十三日）には協議会会場である韓国ＹＭＣＡのホールで大規模なエキュメニカルコンサートが協議会のプログラムの一環として行われました。ＪＣコーナーストーンズ、聖グレゴリオの家の聖歌隊とカントゥス・カヌムは三つのたいそう性格の違う伝統に根ざす音楽グループでしたが、一つのエキュメニカル音楽コンサートの中で一致を見ました。

コンサートは聖グレゴリオの家聖歌隊のペテロ〔ペトロ〕とパウロのミサで開始され、続いてＥ・ヘアリン指揮のプロジェクト聖歌隊が登場して、詩篇歌についての三百年にわたる曲、なかでもクロード・グディメル、ヤン・ピーターツォーン・スウェーリンク、マンフレッド・シェンカーの作品を歌いました。最後を締めたのは、ＪＣコーナーストーンズのポピュラーミュージックでのジュネーヴ詩篇歌です。音楽の伝統で結びついている枝として、すべてのグループは詩篇九五篇を歌い、演奏しました。グレゴリオ聖歌はラテン語で、ジュネーヴ詩篇歌はドイツ語とフランス語で、そして日本語のポピュラーミュージックとして。こうした馴染みのない音響関係にもかかわらず、このコンサートはたいへん肯定的に受け入れられました。異なる音楽スタイルと伝統の音楽家たちとの出会いが一方であり、教会協議会への派遣団との出会いがあり、すべての参加者に実りをもたらしました。

翌日の日曜日の午前中（二十四日）は聖グレゴリオの家で一緒にグレゴリオ聖歌を歌い、ミサを祝いました。プロジェクト聖歌隊はクロード・グディメルのミサからキリエを歌い、音楽としては聖餐式に添うヨハン・クルーガーの詩篇曲を演奏しました。この印象深い教会は、現代風で非常に調和の取れた教会堂を備え、たいへん美しい音響とＥＲＫ事務所のある町レーアのユルゲン・アーレント工房の素晴らしいオルガンが備えられています。午後はプロジェクト聖歌隊が詩篇の歌のコンサートを行い、五〇〇年の音楽、とりわけハインリッヒ・シュッツ、ゾルタン・コダイ、ルイ・ブルジョワから演奏しました。ベニヤミン・ディッペルとカタリナ・マールブルク＝ヘアリンがジュネーブ詩篇歌のオルガン変奏曲を演奏しました。そして、この一日は聖グレゴリオの家の日本の招待者との会食で終わりました。

翌月曜日（二十五日）には、東京のドイツ語教会がケースマン博士の宗教改革記念祭に関する講演会に招いてくれました。この興味深い講演にはしかし「音楽」というテーマが欠けていましたから、後のレセプションではプロジェクト聖歌隊の面々とケースマン氏との間で活発な議論が交わされたことは言うまでもありません。そればかりではなく、協議会参加者たちと、スイスとドイツでのジュネーヴ詩篇歌にまつわる音楽のコンサートの広い音楽的視野について刺激的な会話も行われました。

火曜日（二十六日）には東京を知るための小さなプログラムが提供されました。

その後の二日間は教会音楽研究所である聖グレゴリオの家との教会音楽上の交流に費やされました。水曜日（二十七日）にはエッツァルト・ヘアリンがドイツのプロテスタント教会音楽の学びについての講演を、シュルヒターの教会音楽養成所や、ヘアフォードの教会音楽大学での例をとりながら、聖グレゴリオの家の学生たちの前で行いました。木曜日（二十八日）にはジュネーヴ詩篇歌について、重点をグレゴリオ聖歌という原型とその影響において、ワークショップが行われ、プロジェクト聖歌隊の面々と聖グレゴリオの家の学生とが一緒に参加しました。ワークショップをさらに豊かにしたのは二つのコースで、合唱の発声方法をカタリナ・マールブルク＝ヘアリンが行い、アーレントオルガンでベニヤミン・ディッペルが着想豊かなオルガン演奏を行いましたが、これで一つの応用編「教会音楽家の実践」となったことになります。

協議会最終日（二十九日）には、館山市にあるディアコニア施設である「かにた婦人の村」でその地の二つの合唱団と一緒のコンサートが行われました。そこの住民たち自身で完成させた石造りの教会堂は印象深い会場を提供してくれましたが、すべての参加者にことのほか感動的であったのは、かにた婦人の村で介護されている方々の歌う歌でした。ヨハン・クリューガーのドイツの教会歌の旋律「私は心と口で歌う」に、日本語の歌詞がのせられ、音楽家と聴衆の心を特別に動かしました。

このコンサートでプロジェクト聖歌隊の音楽的課題は終了し、翌日に東京への帰途につき、その後、京都、奈良、広島、大阪への観光へと移動しました。

（二〇一六年八月十六日記）

あとがき

出版の労をとってくださった「いのちのことば社」の長沢俊夫さんは、二〇一五年に開催されたこの協議会の準備会に出席して関心をもち、期間中には時間の都合のつくかぎり、講演、日曜日の各教会での交わりの会、またフクシマ研修旅行にも参加して取材してくださいました。また「いのちのことば社」出版部の米本円香氏も分担して参加取材をしてくださいました。まずこのことに委員会を代表して敬意をもって感謝いたします。また今回の報告書作りには、本業を抱えて動きの鈍い委員たちのために犠牲的に寸暇を惜しんで編集の労を取ってくださいました。感謝のことばもありません。

協議会の公用語は日本語とドイツ語でしたので、ほとんどの原稿はドイツ語から日本語にする必要がありました。

まず最初に、委員会で翻訳の担当を決めて協議会に臨みました。協議会では時間の節約のために、講演や礼拝は講演者や司式者の母語で行い、プロジェクターで別の言語を示すやり方をとりました。次に報告書作成の段階では、翻訳担当以外の委員が訳文の検討を行いました。内容の正確さを担保するために、しばしば真剣なやりとりも伴ったことをご報告したいと思います。そうした真摯な協議の後にできた原稿は最終的に私の責任で訳語の統一を含めて校正いたしました。この報告書の編集者はドイツ語圏教会関係委員会全員です。けれども最後の段階での責任の所在を明記させていただき、皆さんの労苦された仕事の最後の校正が不十分であった点など、お読みくださってご批判を受けることができれば幸いです。

以下に、共に出版に際して共に労苦した委員会の委員および協力者の名前を挙げます。

協議会実務委員——大石周平、藤守義光

ドイツ教会関係委員会委員——飯島克彦、岡田仁、小田部進一、成松三千子、吉田新、李明生

編集代表　菊地純子

（＊なお肩書きは協議会開催当時のものです。）

Inhalt

Geleitwort 〈Junko Kikuchi〉 *3*

Die 7. Deutsch-Japanische Kirchenkonsultation vom 22. bis 29. April 2016 in Japan *6*
Thema: Zuhören und Mitgehen – 500 Jahre Reformation: Itenerar

Erster Teil—Gottesdienste ········· *15*

1. Liturgie des Eröffnungsgottesdienstes Leitung Junko Kikuchi *17*
   Bibellesung Rei Fujimori
   Orgel Yayoi Van Houwelingen
2. Predigt des Eröffnungsgottesdienstes 〈Ulrich Lilie〉 *23*
3. Liturgie des Schlussgottesdienstes mit Abendmahl Liturg Akio Lee *31*
   Orgel Yayoi Van Houwelingen
4. Predigt des Schlussgottesdienstes 〈Caludia Ostarek〉 *35*

Zweiter Teil—Vorträge ········· *43*

1. Das Verhältnis von Glaube und Spiritualität zum diakonischen Handeln—Reformatorische Impulse für heute 〈Margott Käßmann〉 *44*
2. Diakonie als Wesensmerkmal der Kirche (Warum gibt es Diakonie?) 〈Ulrich Lilie〉 *64*
3. Ein Praxisbeispiel: Community Organizing als gemeinwesenorientierte Arbeit 〈Hille Richers〉 *80*
4. Das diakonische Engagement der Reformierten Landeskirche Aargau, Schweiz 〈Christoph Weber-Berg〉 *100*
5. Diakonie in den reformierten Kirchen der Schweiz 〈Simon Hofstetter〉 *115*
6. Grußwort vom Koreanischen CVJM: Tagungsort 〈Sunam Kim〉 *129*

Dritter Teil—Koinonia ········· *133*

1. Predigt beim Gotetsdienst in Japan Evangelical Lutheran Tokyo Church am Sonntag 〈Margott Käßmann〉 *134*
2. Besuch bei der Japan Evangelical Lutheran Tokyo Church. Kurzbericht 〈Margott Käßmann〉 *141*
3. Predigt beim Gottesdienst in Church of Christ in Japan, Kashiwagi Church am Sonntag 〈Christoph Weber-Berg〉 *143*
4. Besuch in der koreanischen Gemeinde in Kyoto 〈Hille Richers〉 *151*
5. Predigt beim Gottesdienst in St. Peter's Church in Asagaya of the Anglican/Episcopal Church in Japan am Sonntag (English) 〈Caludia Ostarek〉 *157*

6. Reaktion auf den Vortrag(U. Lilie) bei der Tagugng "Action for Peace" in Japan Baptist Urawa Church 〈Sa Wook Park〉 *165*
7. Predigt beim Gottesdienst in United Church in Christ, Nishitsiba Church am Sonntag 〈Simon Hofstetter〉 *179*
8. Vortrag bei der Evangelischen Gemeinde deutscher Sprache Tokyo—Yokohama : 2017—Was gibt es da zu feiern? 〈Margott Käßmann〉 *186*

Vierter Teil—Exkursion ········· *207*
1. Notizen zu einem Besuch bei der Kirchengemeinde der United Church of Christ in Japan in Iwaki, 26. April 2016–30 Jahre Tschernobyl 〈Margott Käßmann〉 *208*
2. Fukushima Besuch 〈Ulrich Lilie〉 *219*
3. Reise nach Fukushima 〈Christoph Weber-Berg〉 *223*
4. Reise nach Kanita Frauendorf 〈Caludia Ostarek〉 *230*

Fünfter Teil—Gotteswort singen ········· *233*
1. Bericht: Workshop über Genferpsalter 〈Mayumi Iwasaki〉 *234*
2. Bericht: Vortrag über Genferpsalter—Gereimter Psalter der Reformeirten Kirche 〈Shuhei Oishi〉 *238*

Sechster Teil—Offizielle Berichte ········· *247*
1. Schlusserklärung der 7. Deutsch-Japanischen Kirchenkonsultation vom 22. bis 29. April 2016 in Japan *248* und III - IV
2. Bericht zur deutsch-japanischen Kirchenkonsultation vom 22. bis 29. April 2016 in Tokio (JP) 〈Simon Hofstetter〉 *255*
3. Deutsch-Japanische Kirchenkonsultation: Tokio, 22-29. April 2016 〈Christoph Weber-Berg〉 *261*
4. Bericht über die Japanreise des Projektchores (Cantus Canum) der Evangelisch-reformierten Kirche in Deutschland (ERK) zur 7. Kirchenkonsultation der Evangelischen Kirche in Deutschland (EKD) und des National Christian Council in Japan (NCCJ) im April 2016 in Tokyo 〈Edzard Herlyn〉 *277*

Zum Schluß 〈Junko Kikuchi〉 *282*

Schlusserklärung der 7. Deutsch-Japanische Kirchenkonsultation vom 22. bis 29. April 2016 in Japan

Thema: Zuhören und Mitgehen – 500 Jahre Reformation

Durch Gottesdienste, Vorträge, Besuche in Gemeinden und in verschiedenen Projekten, Konzerten und in intensiven Gesprächen ist in der Konsultation deutlich geworden, dass reformatorische Theologie für diakonisches Handeln in Japan, Deutschland und der Schweiz bis heute sehr aktuell ist. In der Reformation wurde ein Perspektivwechsel dahingehend vollzogen, dass dem Sich für andere Menschen Einsetzen nicht das Streben nach dem eigenen Heil als Grundlage dient, sondern die Nächstenliebe bzw. die Dankbarkeit für Gottes Liebe zu den Menschen. Damit veränderte sich die Identität von Kirche. „Evangelischer Glaube will nie bei sich bleiben, sondern in der Welt wirken." (Zitat aus dem Vortrag von Margot Käßmann)

Ein notwendiger Perspektivwechsel im diakonisch-kirchlichen Handeln hat sich als ein Grundthema durch die Konsultation gezogen. Im Folgenden werden aufgrund von Erfahrungen, die wir auf der Konsultation gemacht haben, die gemeinsamen Erkenntnisse zusammengefasst:

Erfahrungen auf der Konsultation: Es wurde in der Podiumsdiskussion berichtet, dass in Japan nach wie vor unterschiedliche Vorstellungen davon bestehen, welches Selbstverständnis Kirche haben soll. Soll Kirche sich eher sozial engagieren oder soll sie evangelistisch/missionarisch ausgerichtet sein? Aus diesem unterschiedlichen Selbstverständnis entstehen immer wieder Konflikte.
Dieser Gegensatz muss und kann überwunden werden. Die biblische Botschaft von der Versöhnung befähigt uns zu einem lebendigen Dialog zwischen den Kirchen/Gemeinden und den christlichen Gruppen, die sich diakonisch, sozial oder politisch engagieren. Dazu bedarf es eines Dialogs aufgrund biblisch theologischer Reflexion.

Erfahrungen auf der Konsultation: In dem Gespräch nach den Vorträgen wurde diskutiert, ob sich christliches Handeln auch als solches ausweisen muss. Wir begegneten bei Projektbesuchen Menschen ohne christlichen Hintergrund, die sich engagiert für andere einsetzen (in Iwaki; Nozominomon, Kanita). Wir lernten eine UCC Gemeinde und eine baptistische Gemeinde in Iwaki kennen, die ihre Türen für

Initiativgruppen aus dem nichtchristlichen zivilgesellschaftlichen Bereich öffnen. I Angesichts der Herausforderungen in unseren Gesellschaften halten wir es für notwendig, dass sich Kirche und kirchliche Gruppen mit Menschen, die aus anderer Motivation heraus handeln, gemeinsam für ein gutes Leben einsetzen. Im Miteinanderhandeln und im Dialog mit anderen zivilgesellschaftlichen Gruppen lernen wir uns selbst besser kennen, lassen uns in unseren Positionen hinterfragen und verändern uns.

Erfahrungen auf der Konsultation: In einem sozialen Projekt, das wir in Kibonoie in Kyoto kennengelernt haben, denkt man darüber nach, wie man Betroffene motivieren kann zu Beteiligten an Veränderungsprozessen zu werden.
Wir halten es für notwendig, dass diakonische Arbeit auf Augenhöhe geschieht und in Kirche und Diakonie daran gearbeitet wird, wie Menschen, die mit Beeinträchtigungen leben und Menschen mit einem anderen kulturellen Hintergrund ihre Perspektiven einbringen können, und wir zu guten Partizipations- und Kooperationsformen finden können.

Erfahrungen auf der Konsultation: Wir haben auf einer Exkursion innerhalb Tokios erfahren, dass es in Japan Minderheiten gibt, die diskriminiert werden (z.B. die Buraku), und Armut aus Scham versteckt wird.
Wir halten es für notwendig, dass kirchlich-diakonische Arbeit eine besondere Aufmerksamkeit für diese ungesehenen Menschen aufbringt, ihre Perspektiven ins Gespräch bringt und sich anwaltschaftlich für sie stark macht.

Erfahrungen auf der Konsultation: Wir haben in der Region Fukushima gesehen, wie Politik versucht Angst zu bekämpfen, aber die Gründe für die Angst bewusst verschleiert.
Als reformatorische Kirchen ist es unsere Aufgabe, an solchen Punkten widerständig zu sein und uns zusammen mit den betroffenen Menschen für eine transparente Aufklärungspolitik einzusetzen.

Erfahrungen auf Konsultation: Wir haben Konzerte erlebt, in denen Chöre aus unterschiedlichen Kirchen, darunter auch einem Chor mit Sängern und Sängerinnen aus der römisch-katholischen Kirche, unseren Herrn mit Psalmen und Tönen gepriesen haben. Unter den Sängern und Sängerinnen waren auch Personen, die sich nicht zu den Christen zählen.
Musik verbindet und wirkt integrierend.

Erfahrungen auf der Konsultation: Das Miteinander der Teilnehmenden aus den drei Ländern, Japan, Deutschland und Schweiz war sehr fruchtbar.
Wir schlagen vor, dass wir auch in Zukunft auf Konsultationen voneinander lernen und den Namen in Deutsch-Schweizerisch-Japanische Konsultation umändern.

Orte: Koreanisches YMCA in Tokio, mehrere Gemeinden in Tokio und Umgebung (Baptisten, Anglikaner, Reformierte, Lutheraner, und Unierte Gemeinde) und in Kioto: Koreaner, St. Gregory House in Tokio, die Stadt IWAKI, Okuma, Tomioka, Naraha und Hirono und Joban Unierte Gemeinde, Fukushima Baptisten Gemeinde, und NPO Taratsine in Fukushima, in Midnight Mission NOZOMINOMON und das KANITA Frauendorf auf der BOSO Halbinsel.

Teilnehmer und Teilnehmerinnen

Gäste: vom SEK Simon Hofstetter (Universität Bern und SEK) und Christoph Weber-Berg (Präsident des Kirchenrates der reformierten Landeskirche Aargau), von der EKD Margot Käßmann (Botschafterin der EKD für das Reformationsjubiläum), Ulrich Lilie (Präsident Diakonie Deutschland), Hille Richers (Mitarbeiterin für Gemeindeentwicklung & Fundraising der Ev. Gemeinde Düren sowie Vorstandsmitglied des bundesweiten Forum Community Organizing e.V) und Claudia Ostarek (Referentin für das Referat Ostasien, Australien, Pazifik und Nordamerika), Cantus Canum (Chor der Reformierten Kirche in Deutschland, geleitet von Pfarrer Edzard Herlyn)

Gastgeber und Gastgeberinnen vom NCCJ: Koitsi Kobashi (Präsident), Makoto Watabe (Vice Präsident), Shoko Aminaka (General Sekretärin), Deutschland Ausschuss: Junko KIKUCHI (die Vorstandsvorsitzende), Shinichi Kotabe, Akio Lee, Mitsiko Narimatsu, Hitoshi Okada mit der Hilfe von CCJ Ausschuss für die auswärtigen Beziehungen: Shuhei Oishi, Yoshi Fujimori und von Van Houwelilngen Yayoi. Tetsu Tada, Räi Fujimori und Erika Kotabe als Steward; Evangelische Gemeinde Deutscher Sprache Tokyo – Yokohama.

Besucher und Besucherinnen des Öffentlichen Programms: nur in jap. Ausgabe.
An allen Programmpunkten nahm der Verlag, der den Berichtband veröffentlichen wird, teil.

Die Konsultation fand in Kooperation mit dem EMW in Deutschland, St. Gregory House, KANITA Frauendorf, Midnight Mission NOZOMINOMONN , Koreanisches YMCA in Tokio, Japan Bible Society, Tomisaka Christian Center und GARNIER Orgues in Japan statt.

Ein besonderer Dank gilt den Chören: Capella Gregoriana, JC Cornerstone, Sharom, SHIRAHAMA Marine Blue, und FUKIYA und MAMABEKU, der Mannschaft mit YUMI TSHIBA, Pfarrer Yoshinobu Akashi, Fuminori Satoh.

Programm

22. April: 18:00 Eröffnungsgottesdienst: Junko Kikuchi, Yayaoi Van Houwelingen, Räi Fujimori, Ulrich Lilie
19:00 Empfang

23. April 10:00-16:00 Vorträge und Diskussion: Margot Käßmann, Ulrich Lilie, Hille Richers, Simon Hofstetter, Christoph Weber-Berg, Kouitsi Yamamoto, Nobuo Kaino.
16:30-18:00 Ökumenisches Konzert: Capella Gregoriana, Cantus Canum, JC Cornerstone.

24. April Gottesdienst in sieben verschiedenen Gemeinden, inklusive der katholischen Gemeinde St Gregorio.
15:00 Ökumenisches Charity Konzert in St Gregorio: Cantus Canum

25. April 09:00 Exkursion in Tokio
Gleichzeitig Besuch Kibonoie in Kioto.
16:30 Gemeindebesuch in der deutschsprachigen Kreuzkirche in Tokio
19:00 Vortrag von Margot Käßmann in der Kreuzkirche
20:00 Empfang in der Kreuzkirche

26-27. April Exkursion in die Region FUKUSHIMA
19:00 Beratung der Schlusserklärung
21:00 Andacht: Shinichi Kotabe.
27-28. April gleichzeitig Workshop in St. Gregorio: Cantus Canum

28. April Studienreise auf die Boso- Halbinsel: Midnight Mission NOZOMINOMON, Kanita Frauendorf.

29. April 09:00 Diskussion und Verabschiedung der Schlusserklärung
10:00 Abschlussgottesdienst mit Abendmahl: Akio Lee, Claudia Ostarek.
15:30 Charity Konzert im Kanita Frauendorf: Shalom, Cantus Canum, SHIRAHAMA Marine Blue, Fukiya